동아시아의 공연예술

차례
Contents

연희와 연극 : 동아시아 공연예술의 가치

연극(drama)은 연희(performance)의 한 종류이다. 연희의 장르가 일찍부터 분화되고 독자적으로 발전되어온 서양에서는 연극, 오페라, 콘서트, 발레 등이 각기 다른 형식과 제작방법을 정립시켰다. 그러나 동양에서는 이러한 분화를 찾아보기 어렵다. 대신 동양의 연희는 고대로부터 현재까지 하나의 총체적인 유기체의 형식으로 전승되었다. 그것은 반주 음악[樂]과 노래[歌]와 춤[舞]과 연기[戲]와 대사[詞]가 유기적으로 조화된 형식을 취하고 있다.

동양 연희의 총체성에 대해서는 장르론의 관점에서 이견이 분분하다. 관점에 따라 동양의 연희를 미분화된 저급한 예술로 보기도 하고, 생동력 넘치는 퍼포먼스 예술로 평가하기도 한다. 그러나 어느 한편의 관점에서 동양의 예술을 평가하는 태도는 바람직하지 않다. 그보다는 지역문화의 특징과 독자성, 문화의 교류와 발전이라는 거시적인 관점에서 신중하게 논의할 필요가 있다.

서양인의 눈으로 볼 때, 동양 사람들이 흔히 연극이라고 내세우는 공연들의 대부분은 실제 연극이 아니라 '연극적인 것'에 지나지 않을 것이다. 즉, 여러 가지 연희양식들을 총체화시킨 또 하나의 연희로 보이기 십상이다. 서구의 연극은 '지금 여기서 행동하는 인간(혹은 인형)의 존재 자체에 의해 실제로 창조'되며, 동시에 '현존재의 구체적인 삶을 단일한 시간 내에 집약적으로 보여주는 행위'인 것이다. 서구 연극은 시간과 공간과 행위와 존재가 일치하는 가상적인 행동을 표현한다.

서구 연극에서의 존재는 배우가 그 역할을 맡는다. 연극이 배우의 예술인 것은 이 때문이다. 연극에서의 존재는 결코 대상이 아니다. 그것은 대상 안에 있는 객관적인 생명체이며, 그의 살아 있는 행위는 직접적·가시적으로 관객에게 제시된다.[1]

고대 동양에서는 이러한 연극 인식이 보편화되지 못한 반면에 연극을 '삶의 총체적인 양식'으로 정립하려는 노력이 지속되었다.

서구인들에 의해 북경 오페라로 불리는 중국의 경극(京劇)은 1790년 건륭제(乾隆帝)의 80회 생일을 축하하기 위하여 지방 극단들이 북경에 모여 공연을 가진 것이 계기가 되었다. 그러나 경극은 선진의 원시적인 연희로부터 한·위·진·남북조·

수·당·송·금·원·명·청의 시대를 통해서 발전해온 각종 연희, 특히 희문(戲文)과 가무희극들에 뿌리를 두고 있다. 아울러 경극은 전 시대의 연극에 비해 세련되고 총체화된 무대극이지만, 반주 음악의 도움을 받아 배우의 분장과 노래와 몸짓(춤과 마임)과 대사에 의해 전개된다는 점에서 여전히 중국적인 가무희극의 원형성과 특징을 발전적으로 계승하고 있다.[2)]

일본의 가부키[歌舞伎]가 오늘날과 같은 모습을 갖추게 된 것은 18세기 초엽이다. 이전의 연극인 노[能]나 교겡[狂言], 닝교조루리[人形淨留摛], 각종 전승 무용과 가창(歌唱) 등이 바탕이 되어서 독자적인 연극으로 정립된 것이다. 가부키에는 무용을 위주로 한 형식, 낭송 혹은 성악적인 대사를 위주로 한 형식, 그리고 일상적인 회화와 몸짓을 위주로 한 형식이 공존하거나 혼합되어 있다. 이는 형성 과정의 유맥(類脈)을 그대로 계승한 결과이다. 이러한 전통성을 토대로 서구식 프로시니움 아치(proscenium arch) 무대를 바탕으로 한 장치기술, 회전 무대의 활용, 객석을 가로지르는 등·퇴장로인 하나미치[花道]의 설정 등을 통해 가부키는 오늘날의 창조적인 연극으로 거듭나게 되었다.[3)]

한국의 봉산탈춤은 춤을 위주로 한 가면극이다. 정확한 기록은 없지만 18세기 중엽에 현재와 같은 형식의 가면극으로 정립된 듯 보인다. 춤 가운데는 무당 역과 승려 역과 사자 역이 추는 춤이 들어 있다. 이러한 사실은 4~5세기경에 형성된 기악(伎樂)이 봉산탈춤의 선행 예능이었음을 보여준다. 기악은 당시의 기층 종교였던 샤머니즘과 신흥 종교인 불교를 토대로 만들어진 가면극의 일종이다. 한국의 기악은 612년에 일본에 전파되어 일본 예능사, 특히 일본 가면극의 기원을 이루었다. 이처럼 종전의 기악이 새로운 문화적 조류와 결합되고, 여기에 다시 농경 축제적인 원형성과 당대 서민의 현실적 삶의식이 습합(濕合)되어 만들어진 것이 봉산탈춤이다.[4]

이상에서 살펴본 연극 이외에도 동양에는 전승 연극이 풍부하게 살아남아 있다. 프론코(L.C. Pronko)가 지적했듯이, 동양 연극에서는 관중이 연극의 창조에 적극적으로 참여할 뿐아니라 음악과 노래와 춤과 연기가 총체화되어 있으며, 현실을 모방하는 것이 아니라 양식적으로 재창조함으로써 살아 있는 현장성을 창출한다.[5] 관중의 참여는 고대로부터 사람들 모두가 제의(祭儀)에 참여하여 공동체의 결속을 다지던 원형성이 계승된 결과이다. 연극의 총체성은 배우가 자신의 온몸을 매개로 우주적인 생동력과 합일되는 것을 의미한다. 양식적 재창조는 사실의 모방이나 현실의 비판보다는 삶의 보편적인 질서와 인간적인 윤리성을 상실하지 않으려는 자세에서 빚어진 것으로 해석할 수 있다.

요컨대 동양에서의 연극은 지속적인 근원으로의 회귀를 통한 일종의 접신(接神) 행위로 인식되었다. 그리고 이러한 행위야말로 신에게 드리는 최대의 제사의식이자 우주적인 자아를 표현하는 것이라는 사고가 동양 연극에 면면히 계승되고 있는 것이다. 따라서 이러한 동양 연극의 문화적 특성과 독자성을 고려하지 않고 함부로 '미분화된 저급 예술' 운운하는 것은 성급하고 몰상식한 판단이라 하지 않을 수 없다.

다행히 1930년대의 아르토(A. Artaud)와 브레히트(B. Brecht)로부터 시작된 동서양의 연극교류가 1960년대 이후에 이르러 본격화되고 있다. 이러한 교류는 양쪽 연극 모두에게 생산적인 자극을 주어 상호 발전을 이루는 계기로 작용한다. 한편으로는 서양의 각종 전위극과 현대적인 퍼포먼스를 통해, 한편으로는 동양 전통연희의 계승 운동을 통해, 오늘날의 연극인들은 연극이 본래 지녀야 할 연희적 원형성과 생동적인 표현력을 회복하는 데 노력을 기울이고 있다. 물론 한국 연극계에서도 이러한 운동이 활발히 전개되고 있다.

이처럼 동서양의 상호 교류가 활발해질수록 우리는 전통예술이 가진 고유한 가치를 되돌아볼 필요가 있다. 서양인들을 매혹시키고 서양 연극에 자극을 줄 수 있는 연극, 21세기의 경쟁력 있는 연극은 어떤 것일까. 그것은 서양 연극을 흉내낸 현대극이 아니라 동양의 고유한 정신적 가치를 보여주는 전통 연희일 것이다. 20세기 들어 동양의 근대극은 서구 연극의 직접적인 세례 아래 성립되었다. 그러나 이제는 그간 동양 연극이 진 빚을 서구 연극에 상환해줄 때가 되었다. 그 상환은 곧 동양의 우수한 전통예술을 소개함으로써 피로에 지친 서구 연극에 활기를 되돌려주는 방식이 될 것이다.

이러한 인식 아래 필자는 이 책에서 동아시아의 대표적인 전승연희 열 가지를 소개하려 한다. 중국의 나희·경극, 일본의 노·교겐·가부키, 한국의 탈놀이·꼭두각시놀음·판소리, 인도네시아의 토펭과 바롱이 그것이다. 이들 연극은 모두 동아시아문화의 독자성과 우수성을 대변하는 대표적인 공연예술이다. 이들 연극의 소개를 계기로 동아시아 공연예술의 가치에 대한 본격적인 재조명이 이루어지길 기대해본다.

중국의 가면극 : 나희

나희와 나문화

중국의 가면극인 '나희(儺戲)'는 고대의 종교적 의례인 나
제(儺祭)나 나무(儺舞)를 바탕으로 형성된 것이다. 여기에 서
서히 연극적인 내용이 첨가되면서 소박하지만 독립적인 연희
양식으로 발전하였다. 이러한 역사적 유래로 인하여 나희에는
다양한 종교적 요소, 즉 무속·유교·불교·도교적 색채가 복합
적으로 나타나며, 특히 도교적 성향을 강하게 보이는 경향이
있다. 민속신앙을 기반으로 하고 있던 나희는 민속놀이와 결
합되면서 연극적이고 공연적인 속성을 가진 연희로 정착하게
되었다.

나희에 쓰이는 가면들.

　나희의 독특한 특징은 탈에서 잘 나타난다. 나희의 탈은 예술적 특징뿐만 아니라 악귀를 물리치는 종교적인 속성까지 가지고 있다. 결국 나희는 고대 종교로부터 내려온 연희양식으로, 종교제의와 예술이 결합하여 만들어진 원시적인 가면극 양식인 것이다.

　나희를 정확하게 파악하기 위해서는 먼저 중국의 '나문화(儺文化)'에 대한 이해가 선행되어야 한다. 나문화를 이해하기 위해서는 이것을 '샤먼문화'와 대조하여 살펴볼 필요가 있다. 물론 이러한 단순 이분법에 대해서 비판적인 입장을 취하고 있는 학자들도 있지만 설명의 효율성을 위해 일반적으로 사용하고 있는 방법이다. 우선 이 두 문화의 공통점은, 첫째는 원시 종교에서 출발하였다는 것이고, 둘째는 특정한 종교인들이 대대로 전승하였다는 점이며, 셋째는 잡귀와 역병을 몰아내고 그 자리에 상서로움과 기쁨의 기운을 불러오기 위한 목적을 가졌다는 것이다.

　그러면 나문화와 샤먼문화의 차별성을 통하여 나문화를 좀

더 자세하게 살펴보기로 하자. 첫째, 이 두 종류의 무(巫)문화는 지역적인 차이를 가지고 있다. 샤먼문화가 주로 유목수렵 생활을 기반으로 하는 중국의 북방 민족들이 가지고 있는 문화라면, 나문화는 농경생활을 주로 하는 중국의 남방 민족들이 가지고 있는 문화이다. 농업은 수렵에 비해 안정된 생산방식을 가지고 있었기 때문에 신(神)은 갈수록 많아지고 더욱 계통화되었으며, 추상적인 다신숭배(多神崇拜)의 방향으로 나아갔다. 둘째, 샤먼문화가 강신무(降神巫)로 대표되는 샤먼에 의해 엄숙한 제의가 이루어지는 방식이라면, 나문화는 일반 백성들에 의해 주도되어 신과 인간을 동시에 즐겁게 하는 방식으로 발전하였다. 나희의 공연 종목들은 점점 종교의 영향권에서 벗어나 역사와 신화, 세속적인 생활 등을 반영하게 되었다. 셋째, 샤먼문화에서는 거의 가면을 사용하지 않는 데 비하여 나문화에서는 주로 가면을 쓰고 나희를 연행한다. 가면은 나문화를 샤먼문화와 변별된 독자적인 문화로 발전시키는 원동력이 되었다. 넷째, 샤먼문화는 샤먼이라는 특수한 전수자들을 통해서 폐쇄적인 방식으로 전승되지만 나문화는 전수자에 대한 특별한 제재조건 없이 개방적인 방식으로 전승되었다. 이러한 개방적인 전승방식은 서로 다른 다양한 유파를 형성하는 계기가 되었다.

나희의 발전 과정

나희의 성립과 발전 과정을 살펴보면 이 연희가 가지고 있는 근원적 속성과 그 의미를 더욱 명확하게 파악할 수 있다. 일단 나희의 성격과 내용 변화에 따라 크게 '고나시대(古儺時代)'와 '금나시대(今儺時代)'로 나누어볼 수 있다.

고나시대는 역신과 잡귀를 몰아내는 구나(驅儺)의식이 중심을 이루고 있었던 시기를 지칭한다. 이 시기는 아직 연희적 속성이 강한 나희의 단계가 아니라 종교적인 속성이 강한 나례(儺禮)의 단계에 머물러 있었다. 나례가 언제부터 연행되었는가는 정확한 기록이 없기 때문에 확실하게 단언할 수 없지만, 일반적으로 춘추시대(春秋時代) 이전부터 연행되었다고 보고 있다. 특히 음산(陰山)의 바위 그림을 통해서 알 수 있는 나례의 특징은 가면을 사용했다는 점이다. 여기에서는 가면을 쓰고 귀신을 쫓는 연행을 했던 것으로 묘사되어 있다.

『주례 周禮』 권31 하관사마제사(夏官司馬第四)를 보면 구체적인 나례의식이 기록되어 있다. 이 기록에는 악귀를 쫓는 나례의식에서 가장 중심적인 역할을 하는 신이 바로 '방상시(方相氏)'로 서술되어 있다. 방상시는 황금으로 된 네 개의 눈을 가지고 있고, 검은 저고리에 붉은 치마를 두르고 있으며, 창과 방패로 무장하고 곰 가죽을 뒤집어쓴 신이다.

한대(漢代) 이후에는 점점 의식의 규모가 커지게 되었고, 문헌들은 이러한 의식을 일컬어 '나의(儺儀)' '나례'라고 부르기 시작했다. 『후한서 後漢書』 「예의지 禮儀志」에서 이러한 고나(古儺)의 변화를 파악할 수 있다. 후한시대까지의 나례는 방상시, 12지신(支神), 진자(侲子)들이 등장하여 나쁜 귀신들을 쫓아내는 순수한 종교적 의식이었다. 이러한 의식은 궁중에서 정기적으로 거행되는 의례로 완전히 자리를 잡았고, 송(宋)나라 때까지 지속되었다.

수당(隋唐)에 이르러 서서히 고나시대의 나례가 변화하기 시작하여, '금나의 시대'로 접어들게 된다. 『신당서 新唐書』「예악지 禮樂志」와 당나라의 『악부잡록 樂府雜錄』「구나 驅儺」를 보면, 당나라의 나례가 과거의 것을 계승하는 동시에 많은 개혁과 창조를 이루어냈음을 알 수 있다. 즉, 고나시대에 가지고 있었던 종교적 엄숙성과 장중함이 약화되고, 가무적이고 오락적인 측면이 강화되었다. 그리고 고나시대의 가장 중심적인 신인 방상시가 사라지고, 그 자리에 대신 종규(鐘馗)라는 새로운 축귀대신(逐鬼大神)이 등장하였다. 고나시대에는 창과 방패를 지닌 황금사목(黃金四目)의 방상시가 구나의식의 주역이었지만, 당 중엽 이후부터는 종규가 구나의식의 주역으로 등장한 것이다.

맹원로의 『동경몽화록 東京夢華錄』에 북송의 서울 개봉에서 펼쳐졌던 대나(大儺)의 모습이 자세히 기록되어 있다. 여기에는 과거의 나례에서 흔히 등장했던 방상시·12지신·진자 등이 사라지고, 새롭게 종규·소매·사신·장군·문신·판관·토지 신·부뚜막 신 등이 나타난다. 이 새로운 배역들이 나례가 진행되는 동안 간단한 연극적 행위를 하였는데, 이것이 금나의 최초 형식이다. 이것을 흔히 '나희'라고 부르게 되었다. 고대 나례에서는 가면의 사용이 신을 위한 오락이었다면 후대로

오면서 가면의 사용도 서서히 인간을 위한 오락으로 바뀌어갔다. 여기에 세속적인 이야기가 첨가되면서 중국 연극의 최초 형태가 형성되었다.

이와 같이 나희의 형성 시기는 13세기 중엽 이전으로 추측된다. 왜냐하면 남송(南宋)의 시인 유당(劉鏜, 1220~?)이 지은 칠언고시「관나 觀儺」에 이미 연극적인 나희의 모습이 발견되기 때문이다. 이 시에는 나희를 행하는 시간·장소·악기·복식·도구·배역·연기·분위기 등이 매우 자세하게 묘사되어 있다. 또한 나희는 원말(元末)·명초(明初) 그리고 명대(明代) 중기를 거쳐 더욱 성숙하게 되었다. 이 시기의 나희 상연은 이미 상당 부분 일반화되었으며, 상연하는 작품도 매우 다채로웠다.

나희의 종류

중국의 거의 대부분 지역에서 독특한 나희가 전승되고 있지만, 그 중에서도 특히 귀주성(貴州省)은 나희의 본고장이라 할 수 있다. 이 지역에는 매우 풍부한 나희가 존재하고 있으며, 연구자들에 의해서도 다양한 연구가 이루어졌다. 귀주성에는 한족·묘족·포의족·동족·토가족·이족·요족·홀로족 등 여덟 개 민족들이 나희를 계승하고 있다. 이 지역에서 가장 대표적인 나희는 '변인희(變人戲)' '나당희(儺堂戲)' '지희(地戲)'이다.

'변인희'는 '인류가 빨리빨리 변하는 시대' '인류 변화의 희

(戲)'라는 의미를 가지고 있다. 이 나희는 귀주성에서 발굴된 것 중에서 가장 오래된 나희로 현재 해발 1,800척의 높은 산 위에 있는 50여 가구의 이족촌(彝族村)에서 볼 수 있다. 매년 정월 초삼일부터 15일 사이에 공연된다. 변인희는 사악한 것을 내쫓고 상서로운 것을 받아들이며 풍년을 기원하는 행사이다. 보통 열세 명이 등장하는데, 여섯 명은 사람, 세 명은 사자, 두 명은 소로 분장한다. 나머지 두 명은 징과 발을 친다. 주로 상고시대 이족(彝族)의 이농(離農), 농경(農耕), 번영(繁榮)의 역사를 연극적인 소재로 삼고 있다. 변인희의 가면은 진 달래나 옻나무같이 단단한 나무로 제작한다. 모양이나 색채가 매우 단순하고 소박한 것이 특징이다. 이 가면들의 특징을 여덟 자로 규정하면 만감(懑憨), 치졸(稚拙), 괴탄(塊炭), 과장(誇張)이라 할 수 있다.

'나당희'는 무당들에 의해 연행되는데, 주로 사당 건물이나 정원에서 공연한다. 나당희는 일반적으로 병을 얻거나 자식이 없는 경우, 또는 좋지 않은 일을 당했을 때 주로 행해진다. 무당으로 하여금 신의 힘으로 악귀(惡鬼)를 쫓아내어 병을 고치거나 자식을 얻거나 재난을 없애기를 기원한다. 귀주성의 덕강현, 사남현, 연하현 등 여러 지역에서 전해 내려오고 있다. 보통 24개의 가면을 사용하는데, 가면들은 '좋은 신' '나쁜 신' '세속적 인물' '어릿광대'의 네 가지 유형으로 나뉘어진다. '좋은 신'은 선량하고 온화한 신의 모습을 가지고 있고, '나쁜 신'은 흉악하고 기괴하며 위엄 있는 신의 모습이다. '세속적 인물'은 비교적 사실적이어서 변형이나 과장이 없는 것이 특징이다. '어릿광대'는 농담을 하는 골계적인 배역으로, 왜곡되고 일그러진 얼굴 모양을 하고 있다.

'지희'는 농사꾼들이 시골의 마당에서 공연하기 때문에 붙여진 명칭이다. 귀주성의 안순현에 널리 퍼져 있는데, 매년 두 번에 걸쳐 공연을 한다. 봄철에 보름 정도, 벼꽃이 필 무렵인 음력 7월 중순에 5일 정도 공연을 하는데, 이 시기는 모두 농한기에 해당한다. 이 시기에 공연을 하는 이유는 농민들로 하여금 힘든 농사일에서 벗어나 편안함을 느끼게 하거나, 또는 상서로운 것을 받아들이고 풍작을 기원하기 위해서이다. 지희는 「설악」「삼국지연의」「봉신방」「양가정」「설인귀정도」「설정산정서」 등 군대에서 유행했던 역사적인 전쟁 이야기가 주된 공연 종목이다. 지희에는 45개에서 100개 이상의 가면이 사용되는데, 크게 '무장(武將)' '도인(道人)' '꼭두각시' '동물'의 네 가지 유형이 있다. '무장'은 군대의 장수로, 지희가 주로 전쟁 이야기를 다루고 있기 때문에 극중에서 매우 중요한 위치를 차지하고 있다. '도인'은 주로 적군의 군사(軍師)나 선인(仙人)으로 등장하며, 가면 윗부분에 도사의 관(冠)을 쓴 것이 두드러진 특징이다. '꼭두각시'는 전쟁중인 두 진영을 오가며 말을 전하는 인물이다. 연설을 하기도 하고 춤을 추기도 하는 매우 익살스러운 인물이다. '동물'로는 사자, 호랑이, 용, 소, 말, 돼지, 원숭이 등이 등장하는데, 호랑이는 용맹, 말은 온순, 원숭이는 장난기, 돼지는 무던함 등을 나타내는 배역이다.

중국의 가무극 : 경극

경극의 기원과 역사

'경극(京劇)'은 글자 그대로 북경(北京)에서 발전한 연극이라는 어원을 지니고 있다. 서피(西皮)와 이황(二黃)이라는 두 가지 곡조를 기초로 하고 있기 때문에 '피황희(皮黃戲)'라고 부르기도 한다. 반주 음악과 노래가 중요하다고 하여 '청희(聽戲)'라는 속명도 쓴다. 서양인들에게는 일찍부터 '베이징 오페라(Peking Opera)'로 알려져 각광을 받아왔다. 한때 국민당 정부가 북경을 북평(北平)이라 개칭하였을 때에는 경극을 '평극(平劇)'이라 부르기도 하였다.

경극은 북경을 중심으로 발전된 연극이기는 하나, 그 배경

경극 「서유기」 중 손오공 역의 분장.

에는 역대 중국의 전통극(傳統劇)과 중국 각 지역의 다양한 연극들이 바탕이 되고 밑거름이 되었다. 무엇보다도 송대의 잡극(雜劇), 원대의 북곡(北曲), 명청대의 남곡(南曲)은 경극의 예술성을 성숙시키는 데 중요한 요인으로 작용하였다.

북경에서 이황(二黃)의 곡조[腔]가 유행하기 시작한 것은 1790년경이었다. 이황강(二黃腔)에 앞서 북경에서는 곤곡(崑曲)이 유행하였다. 곤곡은 소주(蘇州)의 곤산(昆山)에서 일어났다고 하여 붙여진 명칭이다. 형식이 난해하고 장황한 저음과 고아한 풍격을 중시하여 일찍부터 황족과 귀족 학자들의 애호를 받아왔다. 이에 비하여 이황강은 명랑하고 이해하기 쉬우며 활달한 동작이 많아서 일반 서민들의 기풍을 가지고 있었다.

그러면 경극은 언제부터 시작되었는가? 학자마다 여러 가지 견해가 있지만, 일반적으로 1790년을 기점으로 잡는다. 1790년은 건륭(乾隆) 55년 황제의 80세 생일을 맞이한 해이다. 이 때 생일 축하 공연단으로 고낭정(高朗亭)이 이끄는 '휘반(徽班)'이라는 안휘성의 극단이 북경으로 진출하였다. 이 극단은 난해하고 장황한 저음의 곤곡에 비해 명랑하고 쉽고 활달한 동작이 많은 이황의 곡조를 상연하였고, 이 때문에 대중들로부터 호평을 받았다. 이로 인하여 이황강이 북경에 자리를 잡게 된 것이다. 1830년경에는 다시 북경에 서피강(西皮腔)이 들어와 이황강과 합쳐지게 되었고, 이렇게 하여 경극의 곡조가 완성되었다. 서피강은 원대 북곡계(北曲系) 곡조의 하나로 자유분방하고 힘찬 표현과 상상력을 중시하는 곡조여서 이황강과 잘 어울렸다. 결국 이것은 종래 귀족 취향의 따분한 곤곡을 누르고 관객들의 폭넓은 호응을 받기에 이르렀다.

경극은 청대 말기인 19세기 중·후반기에 최고의 전성시대를 자랑했다. 경극의 희곡 각본은 3천 8백 종이나 된다고 한다. 도군기(陶君起)의 『경극극목초탐 京劇劇目初探』에는 1천여 종이 수록되어 있으나 없어진 곡이 많다. 특히 문화혁명 이후 개편되고 도태된 것이 다수여서 현재까지 남아 있는 것은 많지 않다. 대체로 명대 이전의 역사나 전국시대(戰國時代)의 이야기에서 취재한 것이 많으며 각색물이 압도적이다. 그

밖에 민간 설화, 소설, 영웅담, 연애담 등에서 취재한 것들이 있다.

유명한 레퍼토리로는 「귀비취주 貴妃醉酒」「요천궁 鬧天宮」「추강 秋江」「우주봉 宇宙峰」「삼차구 三岔口」「패왕별희 覇王別姬」「팔선과해 八仙過海」「타어살가 打魚殺家」「사진사 四進士」「백사전 白蛇傳」「장상화 將相和」「양문여장 楊門女將」「안탕산 雁蕩山」「손오공」「수호전」「삼국지연의」 등이 있다.

경극의 배역과 무대

경극에서는 배우의 역할이 엄격하게 규정되어 있다. 경극 배우들은 매우 어린 나이에 수련을 시작하기 때문에 자신의 배역이 일찍부터 정해진다. 입문 때부터 생(生, 주역), 단(旦, 여자 역), 정(淨, 호걸·악한), 축(丑, 어릿광대), 말(末, 단역)로 엄격하게 구별된다. 배우는 전통적으로 여러 배역을 맡지 않고 일생 동안 하나의 배역만을 맡아 연기하였다. 각각의 배역은 수업 과정 자체도 완전히 달랐고, 배역을 변경하는 것도 매우 힘든 일이었다.

'생'은 남자 역으로 주로 주인공을 맡는다. 분장과 발성을 맑고 깨끗하게 하는 것이 특징이다. 역할에 따라 노생(老生), 소생(小生), 문생(文生), 무생(武生), 문무노생(文武老生) 등으로 분류된다. 노생은 명칭 그대로 수염을 단 노인을 의미하며,

주로 학자·관리·귀족·장군 등의 역할을 담당한다. 소생은 젊은이를 의미하며, 주로 유식하고 세련된 인물을 연기한다. 운율과 노래를 전문으로 하는 역은 문생이라 하고, 곡예와 무술을 주로 하는 역은 무생이라 한다.

'단'은 여자 역을 지칭한다. 원래 단의 배역은 여자가 아닌 남자가 맡아서 연행하였다. 과거에는 남녀가 한 무대에서 같이 연기하는 것이 허락되지 않았기 때문에 젊은 남자들이 여자 역을 훈련하여 무대에 섰던 것이다. 그러나 이러한 관례는 1949년 중화인민공화국 정권이 들어선 이후 없어지고 말았다. '단'에는 정단(正旦), 화단(花旦), 도마단(刀馬旦), 노단(老旦) 등이 있다. 정단은 우아하고 아름다운 목소리로 노래하는 배역으로, 양가의 규수나 정숙한 부인 역이다. 청의(靑衣)라고도 하며, 항상 검정색 옷을 입고 있는 것이 특징이다. 화단은 주로 아름다운 여인 역으로, 우아한 춤과 매혹적인 노래로 색녀(色女)의 역할을 한다. 화려한 분장과 머리장식이 특징이다. 도마단은 대사가 거의 없고 곡예에 가까운 무예를 행하는 여걸의 역할이다. 노단은 나이 든 노파의 역할이다.

'정'은 남성적인 배역으로, 호걸과 악한의 역할이다. 정의 특징은 얼굴 전체에 진한 분장을 하는 것이다. 이것을 '화검(畵瞼)'이라고 부르며, 얼굴에 칠한 색으로 인물의 성격을 표현한다. 붉은색은 용기 있고 신념이 강하며 덕을 갖춘 인물이고, 검은색은 맹렬하고 거친 성품의 인물이다. 푸른색은 잔인한 인물이고, 흰색은 배신형의 인물이다. 이들은 대개 거칠고

몸집이 크며, 풍부하고 활달한 목소리를 가지고 있다. 그러므로 관객들은 충직한 자와 음험한 자, 선인(善人)과 악인(惡人)을 그들의 분장과 의상을 통해 쉽게 구분할 수 있다.

'축'은 희극적인 어릿광대의 역할이다. 이들은 우스꽝스럽게 코에 흰 칠을 하고, 검은 줄을 그려 희극적 인물임을 표시한다. 축은 관객들에게 웃음을 선사하는 것을 목표로 삼고 있기 때문에 무술을 연출할 때도 해학적인 동작을 위주로 한다. 여자 어릿광대로는 축단(丑旦)이 있고, 남자 어릿광대로는 문축(文丑)과 무축(武丑)이 있다.

경극 무대의 특징은 장치와 도구, 배경이 거의 없다는 것이다. 무대 중앙에 등(燈)이 하나 걸려 있고, 정면 배경막 앞에 몇 개의 탁자와 의자가 놓여 있을 뿐이다. 탁자와 의자가 놓여 있는 것은 과거의 경극이 찻집이나 식당에서 공연되었다는 사실과 연관이 있다. 이러한 단순한 무대는 경극의 공연양식과 깊은 상관성을 가진다.

경극의 연기는 시공간의 제약을 받지 않는다. 일상적인 일을 무대 위에서 모두 재현할 수 없기 때문에 경극에서는 상징적인 연기로 복잡한 상황을 표현해낸다. 배우의 신체 연기로 모든 것을 표현하는 것이다. 문을 열고 닫거나, 방으로 들어오거나 나가는 동작, 또는 계단을 오르거나 내려가는 동작, 산을 오르거나 강을 건너는 동작도 모두 배우의 신체 연기로 가능하다.

그러므로 경극에서는 서구의 연극이 가지고 있는 사실적인 무대나 장치가 필요 없다. 오히려 그러한 장치들이 배우의 연기를 방해할 뿐이다. 시간과 장소는 전적으로 배우의 연기로 제시되고, 관객들은 배우의 연기를 보고 자유자재로 상상의 날개를 펼칠 수 있는 것이다. 이러한 상징적이고 양식화된 연기로 인해 경극의 무대에는 사실적인 소도구가 거의 필요 없게 되었다.

경극의 대표적인 상징적 소도구로 말채찍[馬鞭]이 있다. 말채찍은 긴 막대기에 술이 달린 것으로, 말을 대신한다. 배우가 말채찍을 들고 있으면, 그것은 말을 타고 있다는 의미이다. 말을 탄다든가 말에서 내리는 동작도 엄격하게 약속된 팬터마임 동작으로 양식화되어 있다. 갈색 채찍은 갈색 말을 의미하고, 검은색이나 붉은색 채찍은 각각 검거나 붉은 말을 의미한다. 이 밖에 바람과 물을 의미하는 소도구로 깃발을 사용하기도 한다. 네 개의 흑기(黑旗)를 풍기(風旗)라고 하여 네 사람이 함께 흔드는데, 큰 바람이 불고 있음을 표현할 때 쓰인다. 흰 판에 바다의 물결을 그려 넣은 네 개의 깃발은 수기(水旗)라 하여 바다의 파도를 뜻한다. 이 깃발을 흔드는 가운데 사람이 뛰어들면 물에 빠진 상황을 의미한다.

대표적인 경극단체

북경에는 '북경경극원(北京京劇院)'이라는 명칭 아래 네 개의 조직이 있다. 일단(一團), 이단(二團), 삼단(三團), 사단(四

團)으로 구성되어 있다. 본래 이 경극원은 중국인들에게 예술 대사(藝術大師)로 존경받아온 매란방(梅蘭芳, 1894~1961)을 비롯하여 정연추(程硯秋), 상소운(尙小雲), 순혜생(筍慧生) 등 네 명의 명배우가 창설한 극단들과 마련양(馬連良), 담부영(譚 富英), 장군추(張君秋), 구성융(裘盛戎), 조연협(趙燕俠) 등이 활약했던 북경경극단이 합쳐져 새로이 조직된 것이다.

북경경극원은 중국을 대표하는 예술집단으로, 오늘날 국내 외에 널리 알려져 있다. 네 개의 조직은 각기 독자성과 우수한 예능성을 견지하면서 국내와 해외에서 지속적으로 순회공연 을 하고 있다. 네 개 조직 중에서도 특히 유명한 것이 매란방 의 예통을 그대로 계승하고 있는 '북경경극원 삼단'이다. 이 삼단은 경극계의 주류로서 흔히 '매파예술(梅派藝術)'이라고 도 부른다.

매란방은 20세기 무렵부터 명배우로 이름을 떨쳤으며 곤곡 에도 기예가 뛰어났다. 그는 미국, 소련, 일본 등 세계 각국을 순회하여 경극의 진가를 널리 알렸다. 1930년대 브레히트의 서사극 이론도 그의 활약이 계기가 된 것이다. 중일전쟁 때에 는 홍콩으로 피신하여 경극에서 멀어졌으나, 중화인민공화국 정권 수립 이후에 귀국하여 전통을 계승하는 한편 개혁에도 힘썼다. 청의를 입은 여자 역 청삼(靑衫)으로서 그녀의 미모와 아름다운 목소리는 경극사상 최고봉으로 손꼽히고 있다.

일본의 가면극 : 노

'노'는 어떤 예술인가

일본의 노[能]는 노 무대[能舞臺]라고 불리는 양식화된 특수 무대에서 상연되는 일종의 가면악극(假面樂劇)이다. 노라고 할 때는 보통 사루가쿠노[猿樂能]를 말하며, 이는 헤이안[平安]시대부터 에도[江戶]시대까지 약 천 년 동안 사용된 개념이다. 넓은 의미로는 가무극(歌舞劇)의 일반적인 명칭으로 쓰이기도 한다. 이 때문에 덴가쿠노[田樂能, 농경의례에서 출발하여 곡예 전문의 귀족예술로 발전한 예능]나 엔넨[延年, 법회 후의 여흥]의 가무극인 엔넨노[延年能]를 포함하는 경우도 있다. 좁은 의미로는 사루가쿠노만을 지칭한다. 사루가쿠노는

노의 한 장면.

지붕이 있는 전용 무대에서 가면을 사용하며, 각본, 음악, 연기의 독자적인 양식을 갖춘 가무극이다. 남북조시대(南北朝時代)로부터 무로마치[室町]시대에 걸쳐 발달하여 에도 중기에는 거의 양식적 완성을 이루었다. 메이지[明治] 이후에는 노가쿠[能樂]라는 단어를 '사루가쿠노'의 의미 또는 '사루가쿠노와 교겡[狂言]'을 합친 의미로 사용하게 되었는데, 현재는 후자의 용어로 흔히 쓰인다.

그러나 노의 현재 모습은 노의 전신(前身)인 사루가쿠와 현격한 차이를 보인다. 실제로 사루가쿠가 '골계성'을 특징으로 한다면 노는 '진지함'을 추구한다. 또 사루가쿠가 가면을 사용하지 않는 데 비해, 현재의 노는 가면을 착용한다는 점에서 차이가 있다.

현재 노의 연회는 억제되고 압축된 움직임 속에서 이루어진다. 그러므로 극히 작은 움직임도 긴장감을 자아낸다. 움직이는 형(型)은 250여 종으로 분류되어 있으며, 판에 박힌 듯한 움직임은 극히 간소화되어 있다. 억제된 최소한의 움직임으로 최대의 효과를 나타내는 것이다. 이렇게 여러 가지 움직임의 세련된 양식이 바로 형(型)이다. 형에 맞춘 무대상의 연희는 대본에 따라 진행된다. 이러한 움직임의 측면에서 보면 노의 연희는 아주 내면적이라고 할 수 있다.

노멘과 노

노의 무대에 등장하는 역은 남녀노소 가지각색이다. 노에서는 이러한 배역을 시테[仕手, 爲手], 시테즈레(단순히 '즈레[連]'라고도 한다), 고카다[子方], 와키[脇], 와키즈레, 아이쿄겐[間狂言, 단순히 '아이'라고도 한다]의 여섯 종류로 분류한다. 이 분류는 희곡 구성상의 역할[役]과 연기술의 차이에 따른 역의 분업이 뒤섞인 분류법이므로 설명하기가 까다롭다. 우선 노의 역을 희곡상의 입장에서 분류하면 적극적으로 스스로 연기를 하는 역(이것을 임시로 '주동 역'이라 칭하고) 및 그 집단과, 주동역의 연기를 받아내거나 그 연기를 유도해내는 역(이것을 '수동 역'이라 칭하고) 및 그 집단으로 나누어진다.

그러나 한 곡(曲) 전체의 중심인물은 대개 한 사람으로 집중된다. 이 인물이 바로 시테이다. 와키는 시테를 부각시키고 돕는 수동적인 역을 맡는다. 그러므로 와키는 그 연기의 특질상 가면을 쓰지 않는다. 결국 시테는 원칙적으로 탈을 사용하지만, 와키는 절대로 탈을 쓰지 않는 것이 특징이다.

정식 노의 경우, 등장인물의 성격에 따라 신이 등장하는 와키노[脇能], 전사한 무장(武將)의 망령이 등장하는 슈라모노[修羅物], 생전에 사랑하는 이에게 버림받고 죽은 여성의 혼령이 나타나는 가즈라모노[鬘物], 삶의 우여곡절을 겪고 죽은 혼령이 등장하는 자츠노모노[雜能物], 사자나 도깨비처럼 활발한 신령과 몹시 난폭한 귀신이나 축생 등이 등장하는 키리노모노[切能物]의 다섯 곡목이 순차적으로 상연된다. 각 곡목 사이에는 교겐이 상연된다. 그러나 오늘날에는 공연시간 관계로 이러한 오번(五番) 구성의 정식 공연은 흔치 않으며, 특히 신이 등장하는 와키노는 축제나 경사시에만 발복축원의 취지에서 행해지는 특별한 연행 종목이다.

노의 분장에서 시테 및 시테즈레의 얼굴에 부착시키는 가면을 노멘[能面]이라고 하며, 노에서 쓰는 용어로는 '멘' '오모테'라고 한다. 노멘은 앞에서 언급한 대로 와키가 사용하는 일은 없고 시테도 사용하지 않는 경우가 있는데, 이것을 히타멘[直面]이라고 한다. 시테즈레는 통상 여성, 맹인 및 인간 이외의 신령이라든가 동물 혹은 헨게[變化] 등의 역에만 사용한다. 노는 가면의 예술이라고 할 수 있다. 그만큼 노의 아름다움은 노멘에 상징화되어 있다. 따라서 노멘은 단순한 분장용구 이상의 의의를 지니고 있다. 노의 연기는 노멘을 움직이는 방식의 미묘한 변화에 따라 독특한 예술미를 발휘한다. 이러한 이유로 가면을 쓰고 움직이는 동작에 대해서도 특수한 술어들이 생겨나게 되었다. 예를 들어 '오모테[面]를 쓰다'라고 하면 오모테(가면)를 움직여서 무엇인가 사물을 보는 모습을 가리키고, '오모테를 틀다'라고 하면 가면 사용의 시원시원하고 강한 취급법을 말한다. '구모루(흐려지다)'라는 것은 무엇을 생각하고 우울해진 듯한 심정을 나타내는 모습으로 고개를 조금 숙이는 것이다. 반대로 '테루(개다)'라고 하면 오모테가 약간 위로 젖혀진 자세가 된다.

이와 같이 노멘은 노의 생명이라 할 만큼 중요한 비중을 가지고 있으며, 예로부터 그 자체가 뛰어난 예술성을 지닌 공예품으로 인정받아왔다. 또한 그러한 가치 있는 오모테가 아니면 노 가면으로서 제대로 기능하지 못하는 것으로 생각되었다. 이미 가마쿠라[鎌倉]시대에 오미 사루가쿠[近江猿樂]의 샤쿠즈루[赤鶴吉成]라는 명작자가 있어 신령귀축류의 강함을 표현한 오모테를 만들었다는 기록이 전한다.

노의 가면은 노의 전형적인 연기에도 크게 영향을 미쳤다. 노는 스리아시[擦足], 즉 살짝 땅에 스치듯 하는 걸음을 감상하는 예술이다. 노의 연기자는 모두 스리아시 연마에 생애를 다 바친다. 스리아시야말로 노의 가면에서 생겨난 것이다. 노의 가면을 쓰면, 노의 연기자는 암실(暗室) 속에 들어간 것과 같은 불안감을 느낀다. 노의 가면은 얼굴을 감싸기 위해 주변이 안쪽으로 휘어진 채 만들어져 있기 때문에 빛이 들어오지 않는다. 오직 두 개의 눈구멍만이 뚫려 있다. 노의 가면을 쓰고 볼 수 있는 범위는 매우 한정되어 있다. 상하좌우가 보이지 않으며, 다리도 보이지 않는다. 그래서 극히 드문 일이지만 노

련한 연기자라도 무대에서 떨어지는 경우가 있다. 따라서 길을 걷는 것과 같은 평범한 걸음걸이로는 걸을 수 없는 것이다.

과거의 노 무대는 사방(四方)에서 관람할 수 있었으나, 오늘날에 와서는 삼방향(三方向), 이방향(二方向)에서 관람할 수 있는 무대로 바뀌었다. 관람석을 켄쇼[見所]라고 하며, 현대에 와서는 정면과 측면에만 객석을 두는 무대가 많아졌다. 명치시대 이전에는 무대와 관람석이 서로 다른 건물이기도 했고, 관람석이 완전히 야외에 마련되기도 하였다.

본 무대는 약 5.5제곱미터의 크기이다. 객석에서 무대를 바라볼 때, 좌측 뒤편으로 비스듬한 하시가카리[橋掛]가 있다. 이 구역은 출연자들의 등·퇴장로로 사용되기도 하고, 때로는 본 무대를 연장하는 보조 무대로 기능하기도 한다. 이곳은 단순히 무대 뒤의 화장방으로 연결되는 통로의 역할만을 하는 것이 아니다. 때로는 저승과 현실을 이어주는 연결 통로로 기능하기도 한다. 결국 하시가카리로 인하여 노 무대는 평면성에서 벗어나 입체성을 확보한다고 할 수 있다.

무대의 마루에는 공명 효과를 위해 잘 건조시킨 노송나무가 깔려 있다. 표면은 노 특유의 걸음걸이인 스리아시로 걷기 편하게 잘 닦여 있다. 옛날에는 마루 밑에 적토(赤土)를 깔고, 커다란 항아리들을 매달아놓았다고 한다. 항아리는 본 무대에는 일곱 개, 악사석에는 두 개, 하시가카리에는 세 개 내지 네 개 정도가 매달리는데, 이것으로 인해 발 박자가 잘 울릴 뿐만 아니라 무대 전체가 하나의 공명기(共鳴器)로 기능하여 음악적 효과를 극대화시켰다.

노의 대표자, 간나미와 제아미

다음으로는 노의 예능을 발전시킨 이론가, 연기자들을 살펴보기로 하자. 노의 대성기(大成期)라 일컬어지는 시기는 남북조시대, 무로마치시대이다. 이 시기는 특히 간나미[觀阿彌]와 제아미[世阿彌]라는 부자(父子) 사루가쿠 연기자의 공적이 두드러졌다. 유자키[結崎, 후의 觀世]좌(座)의 연기자 간나미는 야마토 출신으로 기예와 연기력이 뛰어났고 항상 연구하는 자로 명성이 높아 아시카가 요시미츠[足利義滿] 장군의 후원을 받게 되었다. 그 후 그는 교토로 진출하여 큰 세력을 얻었다. 그의 공적은 흉내내기 본위였던 야마토 사루가쿠에 오미 사루가쿠나 덴가쿠[田樂]의 뛰어난 가무적인 면을 차용하여, 전통성 강한 예술을 유현(幽玄, 優美와 거의 흡사한 의미)한 풍으로 재창조한 점, 리듬을 주로 한 구세마이[曲舞, 북소리에 맞춰 노래하고 춤추는 예능]의 곡절을 도입하여 노의 음곡(音曲)을 대폭 바꾸어놓은 점이다. 특히 서사성이 풍부한 구세마이의 도입은 대본의 생성을 촉발시켰고, 노의 극작법(作劇法)에도 큰 영향을 미쳤다. 또한 그가 직접 「자연거사 自然居士」라는 대본을 쓴 점으로 미루어보아 창작력도 뛰어났음을 알 수 있다.

간나미의 사망은 시도쿠[至德] 원년(1384)으로 알려져 있는데, 이 무렵에는 오미 사루가쿠에서 이누오[犬王, 후의 도아미]

라는 인물이 맹위를 떨쳤다. 그는 가무에 뛰어났고, 특히 천녀지무(天女之舞)로 유명한 유현풍(幽玄風)의 명수로, 제아미에게 큰 영향을 주었다. 이제까지 야마토 사루가쿠의 전통이었던 흉내내기 중심의 예능을 가무(歌舞) 주체의 아름다운 노로 전환시킨 간나미의 뒤를 이누오가 이었고, 그의 가무극화(歌舞劇化) 노력이 제아미로 하여금 노의 발전, 변모에 매진토록 하였다. 연기자로서의 제아미는 명인들의 연기 장점을 적극적으로 도입하는 배우였다. 이런 점 때문에 가무극 중심으로 노를 변모시킨 노의 대성자로 인식되었다. 제아미가 창작하거나 개작한 대본[謠曲, 요쿄쿠]은 현재 문헌을 통해 알려진 것만 50권이 넘고, 그 대부분이 그의 생전 당시와 거의 같은 가사로 현재에도 연행되고 있다.

그의 노 대부분은 고전작품으로부터 가무에 적합한 주인공을 차용하여 서파급(序破急) 5단(五段)의 구성을 기본으로 한 이른바 몽환노[夢幻能, 꿈속에 망령이나 화신이 나타나 대화하는 형식]이다. 노에는 서(序), 파(破), 급(急)의 원리가 있다. 이것은 노의 구성과 연출, 연희곡의 성격을 지배하는 원리이다. 원래 이 말은 아악(雅樂)에서 나온 구성법인데, 제아미에 의해 노 연희의 근본이 되었다. 그것은 하루의 노 전체에서뿐만 아니라 소리의 일음(一音), 일족(一足)의 연희에까지 미친다. 한편 그는 작곡 면에서도 비범한 재능을 보여 음악적 매력이 넘치는 아름다운 곡을 많이 지었다. 이와 같이 시청각(視聽覺) 양면에 걸쳐 서정미 풍부한 미적 세계를 표현한 몽환노를 확립한 점이 극작

가로서 제아미의 최대 업적이라 할 수 있을 것이다.

　그는 또한 이러한 극작가로서의 면모뿐만 아니라 노 이론서(理論書)의 저자로도 명성이 높았다. 그의 유작으로 현재 학계가 승인하고 있는 것만 21종이다. 그의 이론서에는 '화(花)' 자가 많이 들어 있는데, 이는 노의 매력 또는 연기자가 관객에게 주는 감동의 비유적 표현으로 『후시카덴 風姿花傳』에는 '진기함, 재미'와 같은 뜻으로 풀이되고 있다. 그런 꽃을 어떻게 피우며 어떤 꽃을 지향해야 하는지, 꽃을 체득하기 위한 연기는 어떤 것인지를 해명하기 위해 그의 모든 이론서가 쓰여졌다고 해도 무방할 것이다. 이러한 이론서는 제아미 이전에는 존재하지 않았으며 그의 이론 속에는 연기자, 극작가로서의 실전경험이 담겨 있어 이후의 어떤 이론서보다 우위에 서는 것으로 평가받고 있다.

　제아미가 사망한 이후에 노를 대표한 이는 온나미[音阿彌]와 젠치쿠[禪竹]이다. 제아미의 만년에는 이미 그가 속한 야마토 사루가쿠가 노 무대를 제패해서 15세기 후반에는 다른 사루가쿠좌가 중앙에서 거의 활동을 하지 못할 정도였다. 그의 뒤를 이은 조카 온나미는 후계자로서의 책임을 다했으며, 사위인 젠치쿠는 제아미의 이론에 불교 이론을 접목시켜 노의 본질을 규명하려는 등 많은 노력을 기울였다. 이들이 활약한 시대는 제아미가 대성시킨 새로운 풍의 노를 확산시킨 때로, 교토 이외 지역의 극단이나 아마추어 연기자에게도 영향을 미쳐 전국적 규모로 유현풍의 노가 보급되었다.

일본의 전통 코미디 : 교겐

교겐이란?

교겐[狂言]은 일본 중세에 해당하는 14세기 후반에 형성되었다. 교겐은 말 그대로 관객에게 웃음을 선사하는 전통예능이다. 민중의 일상적인 언어나 속어를 대사로 사용하는 대화극이며, 내용 자체도 민중의 일상생활을 소재로 사용하는 경우가 많다.

그러면 우선 교겐이란 말뜻을 한번 살펴보기로 하자. 교겐이란 '미친 소리' '도리에 어긋난 말' '장난 농담' '희롱하는 말' '거짓으로 꾸며낸 이야기' 등의 의미를 가진다. 명칭에서 알 수 있듯이, 결국 교겐은 상식적인 차원에서 벗어난 이야기나 우스갯소리를 중심으로 하는 대화극이라 할 수 있다. 이러한 특징으로 인해 과거의 교겐은 골계와 풍자를 핵심적인 요소로 가지고 있었다.

교겐을 이야기할 때는 반드시 노를 이야기하지 않을 수 없다. 왜냐하면 노와 교겐은 같은 무대에서 앞뒤로 동시에 연행되었기 때문이다. 노가 정식으로 공연되면 하루에 다섯 종목의 노가 순서대로 진행된다. 이때 교겐은 진행되는 노와 노 사이사이에 공연되는 것이다. 이로 인하여 메이지 이후부터는 노가쿠라고 하면 노와 교겐을 합친 의미로 사용하는 경우가 많았다.

하지만 노와 교겐의 극적인 성격이나 분위기는 완전히 다른 특성을 가지고 있다. 노가 장중하고 우아하고 환상적인 세계를 추구하는 것에 반하여, 교겐은 가볍고 일상적이고 현실적인 세계를 묘사하는 것을 목표로 삼고 있다.

교겐의 역사적 변화

교겐은 일본이 남북으로 분열되어 전국적인 내란에 휩싸인 시기인 남북조시대에 형성되었다. 초기의 교겐은 사루가쿠, 덴가쿠 등의 예능 속에 하나의 작은 예능으로 포함되어 있었다. 그러다가 서서히 분리되어 독립된 예능양식으로 발전하였다. 성립기 교겐 작품의 내용은 문헌 기록이 없어 정확한 면모를 알 수 없다. 단지 노의 작품과 작품 사이에 공연했다는 점, 교겡 배우가 노 배역을 맡았다는 정도만 알려져 있다. 이러한 특징은 현재의 교겡 공연에서도 그대로 유지되고 있다. 그리고 이 시기까지는 아직 교겡의 대본이 완전히 문자화되지 않았기 때문에 즉흥적인 연기가 중심이 되었다.

16세기 후반부터는 교겡의 대본이 고정되기 시작하였다. 현존하는 최고(最古)의 대본은 『덴쇼교겡본 天正狂言本』이다. 이 대본에는 100여 편 정도의 작품들이 기록되어 있다. 대사는 간략하게 기록되어 있지만 노래는 상당히 자세하게 서술되어 있는 것이 특징이다.

17세기 이후 교겡은 완전히 고정된 양식을 갖추게 된다. 교겡 배우는 노의 일좌(一座)에 소속되었고, 무사 정권의 보호를 받아 완전히 예술적인 틀을 완성하였다. 즉흥성이 강했던 교겡이 이제는 하나의 양식을 갖춘 고전극으로 변화한 것이다. 교겡의 양식적인 고정화는 교겡의 작품 내용에도 많은 변화를 가져오는 계기로 작용하였다.

가장 기본적인 특성인 '웃음'을 살펴보면 그 변화를 잘 파악할 수 있다. 발생 초기의 교겡은 귀족들이 모욕감을 느낄 정도로 매우 강한 풍자적인 웃음을 내재하고 있었다. 그러나 서서히 교겡이 양식화되면서 이러한 강한 풍자성은 점차 사라지게 된다. 또한 『덴쇼교겡본』을 살펴보면, 현재에는 없어진 작품들이 여러 편 들어 있다. 물론 사라진 대부분의 작품들은 농민들이 자신들의 불만을 상소하는 내용이거나 직접적인 성적 행위가 나오는 작품들이다. 후대로 올수록 교겡은 강렬한 풍

자정신이나 비속한 내용들이 점점 사라지고, 부드러운 해학과
건전한 내용으로 변화하였다.

교겐의 유파와 예능적 특징

교겐은 막부의 지원을 받아 교토와 나라를 중심으로 발전
하기 시작하였다. 이들 가운데 먼저 오오쿠라류[大藏流]가 무
로마치시대 말기에 생겨났고, 이어서 사기류[鷺流]와 이즈미
류[和泉流]가 완성되었다.

교겐의 각 유파는 에도시대 초기인 17세기 초엽에 정비되
었다. 특히 도요토미 히데요시는 예능을 무척 좋아하고 즐기
는 인물이었다. 그는 교겐과 노를 좋아하여 많은 예능인들에
게 녹봉을 주어 후원하였다. 심지어는 자신이 직접 무대에 올
라가서 연기를 할 정도로 예능에 깊은 관심을 가지고 있었다.
에도시대에 접어들면서 도쿠가와 이에야스[德川家康]가 막부
를 집권하게 되었는데, 그는 도요토미 히데요시의 정책을 그
대로 이어받았다. 도쿠가와는 궁중의 의식을 본떠서 성내에서
많은 의식을 거행하도록 하였다. 즉, 막부는 노를 무가(武家)
의 식악(式樂)으로 정하였는데, 이것은 기존의 궁중 아악(雅
樂)에 대항하기 위해서였다. 이로 인하여 노가쿠는 세련된 양
식을 가진 예능으로 발전할 수 있는 토대를 마련할 수 있었다.
그러나 막부 세력의 전폭적인 지지는 한편으로 부정적인 요인
으로 작용하였다. 유형화(類型化)와 전통이라는 미명 아래에

서 낡아빠진 인습이 지배하는 세계를 만들었던 것이다.

메이지유신 이후 교겐도 다른 예능처럼 커다란 변혁기를 맞이하였다. 강력한 후원자였던 막부나 각 지방의 영주들이 사라져버렸기 때문에 교겐은 갑자기 고객(patron)을 잃게 된 것이다. 이 시기는 새로운 서양문화에 모든 관심이 쏠려 있던 때라 전통예능에 대한 관심은 거의 사라진 시대였다. 교겐의 운명도 다른 예능과 같이 사라질 위기에 처해 있었다. 그러나 전통문화에 대한 고유성과 필요성을 인식하고 있는 신흥 재벌과 귀족층이 있었기 때문에 그나마 명맥 정도는 유지할 수 있었다. 하지만 메이지유신 이후에도 교겐은 일반 대중들과 함께하는 예능이 되지 못했다. 단지 사회 일부 지도층만이 즐기는 예능으로 보호, 육성되었던 것이다. 이들의 교겐에 대한 관심은 호사가적인 취미에 해당하는 수준이었다. 또한 교겐은 웃음을 주제로 하였기 때문에 그다지 크게 환영을 받지 못하는 예능이었다. 유교적 근엄함이 큰 덕목으로 여겨지던 시대 분위기 때문에 웃고 떠드는 것으로만 보였던 교겐은 그리 긍정적인 예능으로 취급받지 못했다.

이렇게 푸대접을 받아오던 교겐은 1945년 제2차세계대전 패전 후 시대적 분위기가 바뀌면서 서서히 활기를 찾기 시작하였다. 혼란한 시대 상황을 견디어낸 교겐의 유파는 오오쿠라류와 이즈미류였다. 사기류는 시대적 혼란 속에서 그 자취를 감추고 말았다. 새로운 시대에 맞추어 오오쿠라류와 이즈미류는 현대적 시스템의 공연장에서 새로운 시대의 관객들을 앞에 두고 교겡을 공연하기 시작하였다. 신작 교겡이 발표될 때마다 대중들의 반응은 매우 폭발적이었다. 이러한 인기로 인하여 교겡은 일본 국내뿐만 아니라 해외에서도 여러 번 공연되었다.

현대의 교겡 공연은 과거와 다른 양상을 보인다. 과거에는 보통 노를 한 편 공연하고 교겡을 한 편 공연하고, 또 노를 한 편 하고 교겡을 한 편 하는 방식이었다. 그러나 현재는 노를 공연하지 않고, 오히려 교겡만을 단독으로 공연하는 경우가 많다. 의도적으로 교겡을 여러 편 모아 교겡만을 공연하는 것이다. 교겡의 대사는 일반인들도 알아듣기 쉬운 일상어로 쓰여 있고, 이야기 설정도 대중의 인기를 충분히 얻을 수 있는 구성을 가지고 있다. 현재 일본에서 교겡은 어린이부터 청년, 노인들에 이르기까지 매우 폭넓은 지지를 얻고 있다.

교겡의 대표 작품

교겡의 실제 진면목을 보기 위해서 현재까지 공연되고 있는 작품인 「부스附子」를 예로 들어 살펴보기로 하자. 이 「부스」는 타로가쟈 교겡[太郎冠者狂言]의 대표적인 작품이다. 타로가쟈 교겡은 '타로가쟈'라는 하인이 주인공으로 등장하는 교겡을 의미하며, 교겡 중에서 가장 많은 연행 종목을 가지고 있다. 현재까지 상연할 수 있는 교겡은 약 250여 종이다. 이 중에서 타로가쟈가 주인공으로 등장하는 작품은 약 50여 편으로 가장 많은 수를 차지하고 있다. 그렇기 때문에 타로가쟈는 교겐을 대표하는 전형적인 인물이라고 할 수 있다. 특히 주목되는 점은 이 인물이 '하인'이라는 것이다. 따라서 풍자성이 강한 인물의 특성을 그대로 이어받고 있다.

「부스」의 등장인물은 주인과, 두 하인인 타로가쟈[太郎冠者]와 지로가쟈[次郎冠者]이다. 주인은 볼일이 있어서 두 하인에게 집을 맡기고 외출을 한다. 그러나 주인은 소중한 물건을 집에 두고 갈 생각을 하니 무척 걱정이 되었다. 소중한 물건이란 바로 주인이 아끼던 '설탕'이었다. 주인은 일부러 하인들을 불러 "저것은 집 지키는 물건이 아니다. 부스라고 하는 무서운 독이다. 저것이 있는 곳에서 불어오는 바람만 맞아도 목숨을 잃게 된다"라고 주의를 주고, 잘 지키라고 신신당부한다.

주인이 떠나자 남은 하인들은 상자 속의 물건이 궁금하여 어쩔 줄 모른다. 결국 그들은 호기심을 이기지 못하고 그 상자를 열게 되고, 그것이 설탕임을 발견한다. 하인들은 설탕이 얼마나 맛있으면 주인이 그런 거짓말을 했겠는가 궁금해하며 서로 설탕을 맛보기 시작한다. 결국 둘은 설탕 맛에 취해 상자를 깨끗하게 비워버린다. 한참 후, 제정신을 차린 두 하인은 어떻게 이 상황을 타개할 것인지 궁리한다. 그들은 머리를 짜내어 주인이 아끼는 족자를 찢어버리고, 천목(天目) 찻잔까지 깨버린다. 이윽고 돌아온 주인은 난장판이 된 집안을 보고 깜짝 놀란다.

이러한 상황에서도 하인들은 천연덕스럽게 거짓말을 늘어

놓기 시작한다. 부스 상자를 지키다 졸음을 쫓기 위해 씨름을 했는데 그만 넘어지는 바람에 족자와 찻잔을 저렇게 만들었다고 말하며 울음을 터뜨린다. 주인은 너무 어이가 없어 가만히 듣고만 있다. 그래서 도저히 주인님 볼 면목이 없어 상자 속의 독약까지 먹었다고 하인들은 말한다. 한입 먹어도 죽지 않고, 또 먹어도 죽지 않아 모두 먹어버렸다는 것이다. 이제 하인 둘은 주인 주위를 돌며 춤을 추기 시작한다. 그리고는 주인을 놀리며 도망간다. 이에 주인은 도저히 용서할 수 없다며 하인들을 쫓아간다.

이처럼 교겐 속에는 일본인 특유의 '웃음'이 내재되어 있다. 교겐은 전반적으로 재미있고 유쾌한 예능이다. 또, 이처럼 풍자성과 반역성이 잘 나타난다. 물론 교겐 자체가 '하극상(下剋上)의 시대'라는 중세 동란기에 민중의 예능에서 발전한 예술이기 때문에 자연스럽게 이러한 특징이 형성되었다. 풍자는 고매한 권위에 대한 저항으로 나타난다. 물론 교겐의 역사에서도 살펴보았듯이, 에도시대의 식악화(式樂化) 과정에서 이러한 특성은 많은 부분 완화된 것이 사실이다. 하지만 교겐의 심층에는 화합의 축제성과 함께 풍자성의 정신이 면면히 남아 있다. 이러한 풍자성이 겉으로 드러날 때는 익살과 유희적 성격으로 나타난다. 결말에서 보이는 언어적 유희, 기발한 취향, 몸짓 등이 바로 교겐의 유희성을 잘 나타내는 대목이다.

일본의 서민 고전극 : 가부키

가부키의 개념

　가부키[歌舞伎]는 노, 교겐, 분라쿠[文樂]와 함께 일본을 대표하는 고전극이다. 노와 교겐이 귀족이나 무인 같은 상층의 지배계급이 즐기던 예능이었다면, 가부키는 도시의 상공인들과 서민들이 즐기던 예능이었다. 결국 가부키는 피지배계층의 사람들이 즐겼던 예술이라고 할 수 있다. 그러므로 서민들이 향유했던 가부키는 귀족들이 향유했던 노와는 다른 독특한 공연양식을 가지고 있다. 우선 가부키를 처음 본 사람은 화려한 무대, 오색찬란한 배우와 의상들을 보고 놀라게 된다.

가부키는 왜 이렇게 화려한 무대, 배우, 의상들을 가지고 있는 것인가? 이러한 의문은 가부키의 어원을 살펴보면 쉽게 풀릴 수 있다. 가부키의 어원은 '가부쿠[傾く : 기울다, 방종하다, 바람나다, 호색하다 등의 의미]'라는 동사가 명사화한 것으로, 어원 자체가 상식적인 차원에서 벗어난 기이한 행동이나 풍속 등을 의미한다. 이렇게 가부키는 태생 자체부터 정통적이고 단아한 모습을 거부하고, 좀더 자유로운 유희성·해학성·에로티즘을 강조하는 예술적 특성을 가지고 있었다.

노, 교겐, 분라쿠가 중세에 발생한 데 반하여, 가부키는 가장 늦게 나타난 예술이다. 서민적 취향을 가진 이 새로운 예능은 1600년대인 도쿠가와[德川] 정권 초기부터 유행하였다. 이때, 한학자인 히야시 라산[林羅山, 1583~1657]이 한자를 음차하여 '가부키[歌舞妓]'라고 명명하였다. 이러한 표기에서 우리는 가부키 발생 초기에는 이것이 지금과 다른 공연방식을 가지고 있었음을 알 수 있다. 현재는 배우가 모두 남성으로 구성되어 있지만, 초기 발생기에는 주로 기녀(妓女)들이 가부키 예능을 담당했던 것이다. 이후 메이지시대에 와서는 기녀들만을 뜻하는 '기(妓)'라는 표기가 적절하지 않다고 하여, 예능을 뜻하는 '기(伎)'라는 표기로 바뀌게 되었다.

가부키의 발달 과정

가부키가 가지고 있는 예능적 성격을 좀더 자세히 파악하기 위해서는 가부키의 역사를 살펴볼 필요가 있다. 기록에 남아 있는 최초의 가부키 공연은 1603년 4월의 '오쿠니[阿國] 가부키'이다. 오쿠니는 무녀(巫女)로, 교토의 시조가와라[四條河原] 강변에서 가설극장을 짓고 공연을 했는데 매우 큰 인기를 끌었던 인물이다. 가부키 최초의 기록인 『당대기 當代記』에 의하면, 기묘한 남자 흉내를 내며 큰 칼에다 이상한 의상을 걸치고, 술집 여자와 서로 희롱하는 모습으로 묘사되어 있다. 이 공연은 관객들의 큰 인기를 끌었다고 한다. 이로 인해 각 지방까지 널리 가부키 춤이 퍼지게 되었다.

또한 오쿠니는 무녀였지만 유랑생활을 하며 몸을 파는 유녀(遊女)의 역할도 함께 겸하고 있었다. 그렇기 때문에 이를 '유녀 가부키[遊女歌舞伎]'라고도 불렀다. 이러한 유녀 가부키는 연기상 매우 관능적인 특징을 가질 수밖에 없었다. 결국 1629년, 풍속을 문란하게 만들고 사회 질서를 교란시킨다는 도쿠가와 막부의 판단에 의해 유녀 가부키는 완전히 금지당하고 말았다.

이와 같이 가부키는 발생 초기부터 유희적이고 관능적인 서민예술로서의 특성을 가지고 있었다. 이후에도 이러한 특성은 변함없이 그대로 유지된다. 유녀 가부키가 금지되자, 대중들의 관심은 미소년을 배우로 기용한 가부키 쪽으로 이동하게 된다. 유녀 가부키의 금지로 인하여 이미 존재하고 있었던 '미소년 가부키[와카슈 가부키, 若衆歌舞伎]'가 더욱 각광을 받기 시작한 것이다. 미소년 가부키는 용모가 뛰어난 소년들이 무대에 등장하여 아름다운 춤, 노래, 곡예 등을 선보이며 육체적인 매력을 뽐내는 가부키였다. 공연의 측면에서 보면 이것은 유녀 가부키와 전혀 다를 바 없는 방식을 취하고 있었다. 그러나 미소년 가부키도 남색(男色) 매음의 문제로 인해 유녀 가부키와 똑같은 사회 문제를 불러 일으켜 1652년에 전면 금지당하고 말았다.

이후 1653년, 서민들의 가부키에 대한 열망과 극단들의 계속된 진정으로 인해 다시 가부키 공연이 허락되었다. 그러나 이후 가부키 공연은 여성과 소년을 출연시키지 않고, 남자 성인만을 출연시킨다는 조건을 반드시 지켜야 했다. 미동(美童)의 상징인 앞머리를 자른 머리 모양을 '야로[野郞]머리'라고 하는데, 이로 인하여 성인 남자들에 의한 가부키는 '야로 가부키[野郞歌舞伎]'라고 불렸다. 또한 이러한 성인 가부키는 춤을 추지 않고, 반드시 노와 교겐의 연극적 방식을 받아들여 공연을 해야만 했다.

이렇게 하여 가부키는 본격적으로 연극의 길로 나아가게 된다. 종래의 유녀 가부키와 미소년 가부키가 무용과 음악 중심의 공연이었다면, 야로 가부키는 다른 예능의 극적인 요소를 받아들여 고전극으로 발전할 수 있는 계기를 마련하였다. 결국 야로 가부키는 본격적으로 노가쿠의 연희 형식을 섭취하여 더욱 비약적으로 발전하였다. 17세기 후반에서 18세기 초에 걸친 겐로쿠시대[元祿時代]의 가부키를 겐로쿠 가부키[元祿歌舞伎]라고 하는데, 이 시대의 가부키는 사실적인 대사극으로 완전히 확립되었다. 이후 덴메이 가부키[天明歌舞伎]시대를 거쳐 오늘날과 같은 가부키의 형식으로 정착하게 되었다.

가부키의 종류

가부키의 종류는 매우 다양하다. 가장 손쉽게 이해하기 위한 분류방법은 연출방법을 기준으로 하는 것이다. 크게 시대극[時代物]과 세태극[世話物], 무용극 등으로 나눌 수 있다.

무용극은 춤을 가장 중요한 요소로 사용하는 극이다. 이 글에서는 시대극과 세태극의 차이를 중심으로 설명하고자 한다.

시대극은 도쿠가와시대 중기 이전의 세계를 무대로 삼는 극을 지칭한다. 연기는 양식적이고 매우 과장된 수법을 쓰고 있다. 연기의 속도가 느려서 발성 하나에 몇 초의 시간이 걸리기도 한다. 주로 역사상 유명한 인물이나 무사계급을 둘러싼 사건들을 다루고 있는 것이 특징이다. 그러나 일본의 역사를 다루고 있기는 하지만, 시대극들이 실제 역사적 사실이나 풍속을 제대로 묘사하는 것은 아니다. 시대극은 역사적으로 유명한 인물들이나 사건들을 다루면서도 항상 자유로운 창작이 가미된다.

세태극은 도쿠가와시대 중기 이후의 세계를 무대로 삼는 극이다. 연기는 사실적이고 근대극과 유사한 심리묘사가 들어 있다. 연기의 속도가 빠르고, 손에 잡힐 듯 생생하게 보이는 연극이다. 등장인물도 시정의 무명 상인들로서 그들의 활약상을 그리고 있다. 실제로 여항(閭巷)에서 일어난 정사(情事)사건이나 살인사건을 주제로 삼기도 하고, 협객(俠客), 스모[相撲], 유녀 등의 의리인정(義理人情)을 주제로 삼기도 한다.

공연은 일반적으로 시대극, 세태극의 순서대로 이루어진다. 또 중간에 귀신, 게이샤[藝者], 동물들을 주인공으로 하는 무용극이 하나둘 삽입된다. 그리고 연기자들이 모두 출연하는 활기찬 무용인 오기리쇼사고토[大切所作事]로 대단원의 막을 내린다.

대표적인 작품으로는 「주신구라 忠臣藏」(사랑과 충절) 「스가와라덴쥬 테나라이카가미 菅原傳授手習鑑」(보은과 자식의 희생) 「요시쓰네 센본자쿠라 義經千本櫻」(장구와 여우) 「쿠마가이진야 熊谷陣屋」(무장의 비극) 「칸진쵸우 勸進帳」(벵케이의 충성) 「슈젠사 모노가타리 修禪寺物語」(슈젠사 이야기) 「무스메도조샤 娘道成寺」(처녀의 비련과 원한) 「스케로쿠 助六」(요시와라의 멋진 사나이) 「요츠야카이당 四谷怪談」(요츠야 괴담) 「산닝기치사 三人吉三」(도둑의 의리) 등이 있다.

　　가부키에는 '십팔번'이라는 말이 있다. 한국에서도 일상적으로 자신이 잘하는 노래나 장기를 내세울 때 이러한 용어를 사용한다. 그러면 원래 가부키에서 십팔번이란 무엇을 의미하는가? 겐로쿠 가부키 시기에 에도[江戸, 지금의 도쿄]에서는 아라고토[荒事, 거칠고 용맹스러운 기풍의 藝]가 명성을 날렸다. 그런데 에도 가부키를 대표하던 이치카와 단주로[市川團十郎] 가문에서 초대부터 4대까지 초연(初演)한 아라고토 작품 중 가장 대표적인 열여덟 개를 골라 가예(家藝)로 제정하였다. 이것이 바로 '가부키 십팔번[歌舞伎十八番]'이다. 그러므로 가부키 십팔번이라는 용어는 이치카와 단주로 가문 사람들이 가부키의 연기양식을 독특한 형(型)으로 발전시켜 대대로 전승한 것 중에서 가장 대표적인 예능을 지칭하는 것이다.

가부키의 예술양식

　　가부키의 배역 중에 가장 두드러진 것은 온나가타[女方, 女

形]이다. 가부키의 역사적 변천에서 엿볼 수 있듯이, 풍기문란이라는 이유로 인해 여자가 무대에 오르는 것은 법령으로 금지되었다. 이렇게 되자 남자들이 여자로 분장하여 극을 진행할 수밖에 없었다. 이러한 연유로 하여 가부키는 독특하게 남자가 여자 배역을 맡아 연행하는 전통이 생겼다. 온나가타를 맡은 배우는 모든 배우들이 그러하듯, 어릴 때부터 여자 역을 익힌다. 처음에는 어린 여자아이, 서민의 딸, 귀인의 딸 등을 맡다가 어느 정도 온나가타에 익숙해지면, '경성(傾成)'이라는 이름을 가진 유곽의 유녀 역을 맡는다. 일반적으로 경성은 온나가타 중에서 가장 어려운 역이라고 보고 있다. 왜냐하면 남자들의 관심을 끌 수 있을 정도로 매력적인 연기를 해야 하기 때문이다. 지금도 온나가타의 역을 맡은 배우들은 일상생활에서도 여자다운 언어와 동작을 잊지 않으려고 신경을 쓰고 있다.

　무대장치 중에서 주목해야 할 것으로 하나미치[花道]가 있다. 이 하나미치는 가부키에서 나타나는 독특한 무대장치이다. 메이지시대 이후 서양의 영향을 받아 가부키의 무대는 서서히 변해갔으나 하나미치만은 그대로 유지되어 오늘에 이르고 있다. 초기 가부키도 노의 무대를 답습하여 무대와 분장실 사이에 통로가 있었다. 이것이 점점 확대되어 관람석으로 가로지르는 형태로 변한 것이 바로 하나미치이다. 하나미치는 객석에서 무대를 향해 바라볼 때 왼쪽에 위치해 있고, 관람석을 가로질러 무대와 직접 연결되어 있으며, 배우가 출입하는 통로의 기능도 담당하고 있다. 원래 하나미치라는 명칭은 배우의 후원자가 선물(花 혹은 花代)을 주기 위한 길이라는 뜻에서 생긴 것이다. 길이는 극장마다 조금씩 다르지만 폭은 약 1.5m 정도이다. 이 하나미치는 무대 위의 다른 장면을 동시에 재현할 수 있는 기능을 담당하고 있기 때문에 연출상 매우 중요한 역할을 하고 있다. 그저 단순히 등장인물들의 통로 내지 출입구의 역할만 하는 것이 아니라 무대의 중요한 요소로 작용한다. 또한 관객들의 공감을 이끌어내는 연극적인 분위기를 만드는 역할까지 한다.

가부키 배우의 연기는 일정한 '약속'으로 전승되는 특징을 가지고 있다. 우는 법, 웃는 법, 먹는 법, 싸우는 법 등 배우의 연기는 전반적으로 일정한 약속을 가지고 있어, 이 약속에서 크게 벗어나는 것을 허용하지 않는다. 이 약속을 가부키에서는 '가타[型]'라고 부른다. 가부키의 연기는 일정한 행동 형태를 본으로 삼는 것이다. 하지만 일정한 연기 형태가 고정되어 있다고 해서 완전히 새로운 연기방식을 금지하는 것은 아니다. 기존에 정해진 형(型)을 따르면서도 한편으로는 이 고정된 형에서 어떻게 벗어날 수 있는가 고민하는 과정에서 가부키의 연기는 더욱 발전하게 되는 것이다. 연기 이외에도 화장, 의상, 반주 음악, 장치 설정, 장식법, 각본 작성, 연극 흥행에 이르기까지 모든 요소에 걸쳐 형(型)이 있다.

가부키의 연기법 중에는 '미에[見得]'라는 것이 있다. 미에는 가부키의 독특한 연기법 중의 하나로 매우 중요한 의미를 가진다. 무대에서 배우가 연기를 진행하다가 갑자기 어느 한 순간 정지한 상태로 눈을 크게 뜨고 손이나 발에 힘을 집중시킨다. 원칙상 이 순간에는 무대에 등장한 모든 인물들이 정지하고, 반주 음악도 딱딱이를 제외하고 모두 멈춘다. 이처럼 미에는 연기를 두드러지게 보여주는 것이며, 연기의 어느 한 부분을 초점화시키는 방법이다. 특정 부분을 관객에게 깊게 각인시키기 위해 신체의 움직임을 고정시켜 조각과도 같은 정지된 포즈를 취하는 것이다. 이러한 연유로 가부키를 '회화적인 무대예술'이라고 규정하는 사람들도 있다.

한국의 가면극 : 탈놀이

탈과 탈놀이

15세기 후반에 기술된 이육(李陸)의 『청파극담 靑坡劇談』에 다음과 같은 이야기가 실려 있다. 어떤 사람이 탈을 좋아하였는데 어느 날 그 집에 병이 전염되자 무당이 말하기를 탈때문이라 하였다. 그 말을 듣고 즉시 집에 둔 탈을 들판에 버렸더니 과연 병이 나았다. 수개월이 지난 후 가족 중의 한 사람이 마침 밭가를 지나다가 전에 버린 탈 위에 피어난 버섯을 잘못 알아보고 따다 먹었다. 한 송이를 먼저 먹자 갑자기 웃으며 일어나 춤을 추었는데, 마치 미치광이 같았지만 모두 우연으로 여기고 그다지 괴이하게 생각하지 않았다. 그러나 다

한국의 대표적인 탈놀이인 하회별신굿놀이(윤주영 촬영).

음에 먹은 사람도 웃으며 일어나 앞사람과 같이 춤을 추었다. 춤이 그친 후 물으니 "처음 먹자마자 흥이 저절로 나서 어쩔 수 없이 그렇게 하였다"고 대답하였다.[6]

이 이야기는 탈의 민간 어원설을 잘 함축하고 있다. 탈은 얼굴에 쓰는 가면, 인체에 생긴 질병, 갑자기 일어난 사고 등의 의미를 지니고 있다. 1차적으로 탈은 질병을 일으키는 요인이 된다는 내용을 반영한다. 즉, 탈(가면)이 탈(질병)을 불러온 것이다. 옛사람들에게 탈은 신체(神體)를 상징하는 신성한 대상이었다. 이런 물건을 사람 가까이 두고 함부로 다룬 까닭에 신의 노여움을 사서 벌을 받게 되었다는 것이다. 그래서 옛사람들은 탈을 소중히 여기고 신성시하면서도 사람이 사는 거처와 일정한 간격을 두고 숭배하면서 보관했다.

2차적으로 탈은 인간에게 신명을 일으키는 도구라는 의식을 반영한다. 고대의 신성가면은 15세기에 이르러 예능가면으로 전이되어 널리 사용되었다. 썩은 나무탈 위에 돋아난 버섯을 따서 먹고 저절로 흥이 나서 신명나게 춤을 추었다는 것은 탈이 지닌 예능성을 시사해준다.

3차적으로 탈은 그 자체를 이용해서 질병과 사고를 물리치고 해결할 수도 있다는 의미를 내포한다. 이번에는 탈이 탈을 물리친 것이다. 이러한 탈의 의미는 질병이나 불의의 사고를 퇴치하고 방지하기 위하여 탈을 신앙의 대상으로 숭배하는 한편, 탈을 응용하여 집단적인 예능을 만들어 전승시켜온 인류의 내력을 설명해준다.

한국의 고유어 '탈'은 한자어 '가면(假面 혹은 面)'과 동일한 의미를 갖는다. 탈놀이는 가면희(假面戲), 가면무(假面舞) 혹은 가면극(假面劇)을 통칭한다. 일반적으로 가면을 이용한 놀이를 통칭 가면희라 하고, 가면을 이용한 본격적인 연극을 가면극이라 한다. 탈을 쓰고 노는 사람은 탈꾼, 탈광대라고 하였다. 고대의 기록에서는 탈과 탈꾼을 괴뢰(傀儡), 귀두(鬼頭), 귀뢰(鬼儡), 면구(面具), 가두(假頭), 대면(代面), 가수(假首) 등으로 통칭하였다. 이는 탈이 지닌 허구적 인격성, 얼굴에 쓰는 도구, 귀신이나 병환을 퇴치하는 종교성 그리고 탈을 쓰고 노는 연희자 등을 포괄시킨 의미이다. 인형 역시 탈의 명칭과 같이 쓰였으며 탈의 일종으로 간주되었다.[7] 일반적인 의미로는 탈을 도구로 해서 노는 놀이는 모두 탈놀이라고 할 수 있다. 그러나 예술로서의 탈놀이는 전승연희로서 독자성을 지닌 경우에만 해당된다.

탈놀이가 독자적인 연희양식으로 발전하면서 탈과 탈놀이는 지역마다 다른 명칭과 특징을 갖게 되었다. 경기도 지역에서는 '산대탈놀이' 혹은 '별산대탈놀이'라는 명칭이 전승되는데, 이는 고려시대의 개성과 조선시대의 한성을 중심으로 산대놀이[山臺戲]가 성행한 데서 비롯된 것이다. 약칭으로 산대혹은 별산대라고 한다. 산대란 산과 같이 높은 무대를 설치하고 놀았던 데서 비롯된 말이다. 고려시대와 조선시대에는 국가적인 행사를 위해 왕의 명령에 따라서 궁정(宮庭)이나 궁전 근처의 넓은 광장에 규모가 방대한 산대를 하나 혹은 여러 개 설치하고 다양한 공연을 펼쳤던 것이다. 그러나 산대놀이라고 해서 모두 실제로 산대를 만들어놓고 그 위에서 한 것이라고 보기는 어렵다. 그보다는 과거 산대놀이의 전통을 잇고 있다는 의미에서 통칭 '산대놀이'라는 명칭이 유행하게 된 것으로 볼 수 있다. 황해도 지역에서는 '탈춤'과 '놀탈'이라는 말이 유행했다. 춤이 그만큼 중요시되었고, 잘 놀아야 탈놀이가 된다는 의미에서 탈꾼을 놀탈이라 했던 것이다.

경상도 지역에서는 '들놀음' '오광대' '별신굿놀이' 등이 탈놀이의 대명사가 되었다. 탈 자체보다는 야외에서 노는 놀음, 다섯 광대의 놀음, 다섯 마당으로 노는 놀음, 별신굿에서 노는 놀음 등의 의미가 강조된 것이다. 오광대에는 실제로 여러 인물이 출현하고, 오광대가 분명히 누구라는 규칙도 전승되지 않는다. 낙동강 유역의 여러 지역에서는 오광대탈놀이가 성행한 것이 확인된다. 경상북도의 하회나 동해안의 별신굿탈놀이에서는 굿과 탈놀이가 따로 존재하는 것이 아니라, 탈놀이 자체를 '굿놀이'라고 함으로써 굿의 넓은 개념을 인식케 한다. 강원도 강릉 단오제에서 놀아온 탈놀이도 고대적인 원형성을 느끼게 한다. 함경도에서는 애초부터 사자를 중심으로 놀았으므로 '사자놀이' 혹은 '사자탈놀이'라는 명칭이 사용되었다. 남사당에서는 탈놀이를 '덧뵈기'라고 한다. '덧보이기' 혹은 '덧쓰고 보이기'라는 의미에서 비롯된 것으로 보인다. 이처럼 탈과 탈놀이의 명칭은 다의적으로 사용되었다.

탈놀이의 유형

탈놀이의 유형은 크게 여섯 가지로 구분된다. 영남형(嶺南型), 경기형(京畿型), 해서형(海西型), 제의복합형(祭儀複合型), 유랑광대형(流浪廣大型), 동물형(動物型)이 그것이다. 유형별로 대표적인 탈놀이를 소개한다.

먼저, 영남형의 대표적인 탈놀이로 '동래야유(東萊野遊)'를 들 수 있다. 이것은 부산광역시 동래구 온천동에 전승되는 탈놀이로, 야유(野遊)는 들놀음의 한자어이다. 초계군 율지리(밤마리)에서 19세기 중엽에 동래, 수영, 부산진으로 전파되어 각 지역에 정착되었다고 한다. 사용 가면은 원양반, 차양반, 셋째 양반(모양반), 넷째양반, 종가도련님, 말뚝이, 할미, 제대각시, 문둥이 등인데, 모양반의 탈이 개털 혹은 고양이털로 만들어진 것 외에는 모두 바가지탈이다. 전통적인 정월대보름의 공연으로, 14일 저녁에는 남녀노소가 참여하는 대규모의 길놀이를 했고, 탈놀이는 밤에 놀았다. 15일에는 마을 사람들이 동부와 서부로 나누어 줄다리기를 하고, 그것이 끝난 후에 다시 탈놀이가 벌어졌다. 그 내용은 길놀이, 문둥이마당 양반마당, 영노마당, 영감·할미마당으로 전개된다.[8]

영남형의 다른 탈놀이로는 '고성오광대놀이'가 있다. 이것은 경남 고성군 고성읍에 전승되는 탈놀이다. 초계군 율지리에서 19세기 중엽에 고성, 통영, 진주로 전파되어 각 지역에 정착되었다고 한다. 사용 가면은 원양반(황제양반), 청제양반, 적제양반, 백제양반, 흑제양반, 홍백양반(접양반), 종가집도령, 말뚝이, 초랭이, 비비, 중, 각시, 시골양반(영감), 큰에미(큰댁), 제밀주(작은댁), 마당쇠, 황봉사, 문둥이 등인데, 종이탈과 오동나무탈을 겸용했다. 전통적인 정월대보름의 공연으로 14일, 15일 밤에 장터, 무량리 잔디밭, 밤내, 객사마당 등에서 놀았

다. 그 내용은 앞놀이, 중마당, 문둥이마당, 양반마당, 비비마당, 영감·할미마당으로 전개된다.[9]

경기형의 대표적 탈놀이로는 '양주별산대놀이'를 들 수 있다. 경기도 양주군 주내면 유양리(양주구읍)에 전승되는 탈놀이로, 산대놀이에서 연유된 별산대라는 명칭을 쓴다. 서울의 본산대놀이가 폐지된 이후인 19세기 초·중엽에 사직골 딱딱이패와 애오개패 등을 모방하여 만들어져 정착되었다고 한다. 사용 가면은 상좌, 옴중, 목중, 연잎, 눈끔적이, 애사당, 노장, 소무, 신장수, 취발이, 샌님, 포도부장 신할아비, 미얄할미, 왜장녀, 원숭이, 완보, 도끼, 도끼누이, 서방님, 도령님, 말뚝이, 쇠뚝이 등인데, 모두 바가지를 기본 재료로 해서 만들어진다. 전통적인 단오절 공연을 비롯하여 삼짇날(음력 3월 3일), 초파일, 추석, 단풍철놀이 등에서 공연하였고, 주로 목사청의 서편에 있었던 사직당 앞마당에서 연희하였다. 그 내용은 길놀이, 탈고사, 상좌춤마당, 상좌·옴중마당, 옴중·목중마당, 연잎·눈끔적이마당, 팔목중마당(염불, 침놀이, 애사당법고), 노장마당(노장, 신장수, 취발이), 샌님마당(의막사령, 포도부장), 신할아비·미얄할미마당으로 전개된다.[10]

해서형의 대표적 탈놀이는 '봉산탈춤'이다. 황해도 봉산(사리원)에서 전승되던 탈놀이로, 6.25 이후에 월남한 연희자들에 의해 복원되어 서울에서 계승, 공연되고 있다. 해서(황해도) 지역에서는 탈놀이를 탈춤이라고 했다. 봉산은 남북직로(南北直路)의 거점이어서 정부의 고관이나 중국 사신을 위로 하기 위한 수준 높은 연희들이 전수되고 유지되었다. 사용된 가면은 상좌, 목중, 사당, 거사, 노장, 소무, 신장수, 취발이, 샌님, 서방님, 도련님, 말뚝이, 영감, 미얄, 덜머리집, 남강노인, 무당, 원숭이, 사자 등인데, 모두 종이를 기본 재료로 해서 만들어진다. 전통적인 단오절 공연을 비롯하여 경사스러운 날에는 우선적으로 공연하였으며, 주로 봉산구읍 경수대 앞에 나지막한 축대를 쌓아 그 위에서 연희하였다. 그 내용은 길놀이, 탈고사, 상좌춤마당, 팔목중마당, 사당춤마당, 노장춤마당(노장, 신장수, 취발이), 사자춤마당, 양반춤마당, 미얄춤마당으로 전개된다.11)

탈놀이의 연희원리

탈놀이에는 일관된 줄거리나 플롯이 없다. 몇 가지 화소(話素)를 중심으로 장면장면이 만들어진다. 탈놀이의 화소와 탈의 성격화는 밀접한 표리(表裏)관계에 있다. 탈은 또 하나의 다른 얼굴인 거짓 얼굴[假像]이다. 그 얼굴이 어떤 이미지를 제공하든 표면적으로는 하나의 조형적 표현이다. 또한 탈은 어떤 인격이나 성격을 느끼게 하고 생각하게 한다. 탈은 하나의 다른 존재인 거짓 성격[假想人]이다. 그 얼굴이 어떤 형상을 하고 있든 내면적 의미를 갖게 된다. 그런데 실제로는 표현이 의미를 창조하고 의미가 표현으로 구체화되는 것이니만큼, 이런 표리관계는 서로 분리될 수 없는 탈놀이의 생명 요소이다.

현전하는 탈놀이의 화소에서 공통적으로 나타나는 특징은 골계성(滑稽性)이다. 부분적으로는 전아성(典雅性), 숭고성(崇高性), 비장성(悲壯性) 혹은 인간적 원형성(原形性), 종교적 기원성(祈願性), 선악의 갈등에서 오는 벽사성(辟邪性) 등이 내포되어 있기도 하지만, 이런 특징들은 놀이 전체를 주도하는 골계성에 묻혀 있거나 골계성과 혼합되어 있다. 한국 탈놀이는 골계적인 화소를 주조(主調)로 해서 탈의 성격화와 행동화가 이루어졌다.

탈놀이에 등장하는 인물들은 고유한 이름을 지니지 않고 문둥이, 어덩이, 말뚝이, 쇠뚝이, 취발이, 영감, 할미, 양반, 노장, 목중 등 연령, 신분, 직업, 외형에 따른 명사를 그대로 사용한다. 특정한 개인이 아니라 사회적인 성격을 반영하는 이러한 익명성(匿名性), 즉 상대적인 사회성은 그런 유형의 인물들이 살아가는 행동양상과 사고방식을, 특히 삶의 역기능성을 재현하는 데 큰 효과가 있다. 이런 인물의 등장은 애초부터 연극적인 환상을 일으키지 않을 뿐만 아니라, 장면의 화소와 줄거리의 전개를 미리 예견케 하고 재현된 극중사태를 비판적 거리에서 관찰하게 하는 효과가 있다.[12]

탈놀이는 탈을 쓴 무용적 표현, 즉 탈춤사위를 위주로 한다. 춤사위야말로 인물의 성격과 탈놀이의 양식을 결정짓는 근간 요소이다. 재담(대사)과 노래는 보조적인 표현수단으로 응용된다. 춤사위에는 물론이고 재담과 노래에는 악기 반주가 동반

된다. 탈놀이의 음악 역시 하나의 양식으로 정립되었다. 세계 어느 종족의 탈놀이든, 탈과 가장(假裝)이라는 시각적인 요소와 음악이라는 청각적인 요소 그리고 춤과 마임이라는 행동적인 요소가 역동적으로 조화됨으로써 연극적인 표현이 성취되어왔다. 한국의 경우에도 예외가 아니다. 화소에 골계성이 우세할 뿐만 아니라 춤사위에도 골계성이 우세하게 드러난다. 한마디로 한국의 탈놀이는 '가면무희극(假面舞喜劇)'이라고 정의할 수 있다.

한국의 탈춤사위는 몇 가지 특징을 지닌다. 대부분의 춤들이 정중동(靜中動)의 우아한 여성춤인 데 비해 탈춤은 활달한 동중정(動中靜)의 남성춤으로서 신명나고 즐겁다. 춤사위는 익살스럽고 극적인 표현인 몸짓춤으로 이루어졌다. 등장인물의 성격에 따른 배춤, 엉덩이춤, 자라춤, 깡총걸음춤, 병신춤, 재롱춤 등이 있고, 인물의 의사를 대화식(對話式)으로 표현하는 짝춤(깨끼리), 상대방에게 고갯짓하듯이 추는 배치기, 배김새, 끄덕이 등이 있다. 경기형과 해서형에서는 구분동작으로 이루어진 매듭춤이 발달되었다. 매듭춤에서는 한 장단씩 동작이 매듭지어 끝나거나, 계속 반복되거나, 혹은 다음 동작으로 넘어간다. 화장무, 깨끼리, 거울보기, 곱사위, 여다지, 외사위, 양사위 등은 확실한 구분 동작이다. 영남형에서는 축제판에서 개개인의 즉흥성을 강조하는 허튼춤이 발달되었다.[13]

탈놀이는 야외 놀이판에서 밤에 공연되었고, 많은 사람들이

놀이판 주변에서 관람하였다. 10여 명이 자유롭게 군무를 출 수 있는, 그다지 넓지 않은 놀이판 주위에 장작불을 피우거나 기름을 묻힌 솜방망이 불을 장대에 달아서 조명을 대신했다. 불빛은 땅바닥에서 위로 투사되었으므로 탈을 쓴 연희자들은 고개를 15도 정도 숙여서 조명에 맞추어야 했다. 타오르는 불 빛과 활달하게 움직이는 탈의 모습이 조화되어 여러 가지 형 상과 신비한 분위기를 자아냈다. 대체로 과거의 탈은 대형이 고 표면의 높낮이가 심했으며 원색적이었다. 그러므로 탈이 풍기는 이미지는 다양하고 강렬했다.

한마디로 탈놀이는 축제를 통해서 발전했고, 그런 축제의 요소들이 양식화된 연극이라고 할 수 있다. 집단적인 풍요와 다산과 화해를 위한 축제는 구체적인 과정 속에서 고난과 극 복, 노력과 결실, 싸움과 승리, 죽음과 부활, 희생과 탄생, 갈 등과 화해 등의 화소들을 다양한 형식으로 연출했다.

한국의 인형극 : 꼭두각시놀음

꼭두각시놀음의 유래

옛사람들은 인형을 괴뢰(傀儡), 귀뢰(鬼儡) 혹은 면괴(面魁), 목우(木偶)라고 하여, 가면을 가리키는 한자어와 혼용하였다. 그것은 실제 인간과 다른 가장된 인격체이고 귀신과 상통한다는 의미에서 일반화된 용어일 것이다.[14] 또한 인형을 가리키는 말로 꼭두 혹은 꼭두각시가 널리 사용되었다. 중국에서는 6세기 중엽에 인형을 곽독(郭禿)이라고 하였는데, 이것은 막대기 끝에 머리를 붙여서 만든 인형(장두 인형)이었다. 당시의 인형극에 곽씨 성을 지닌 대머리가 등장하였는데, 그가 유명해지자 그 이름이 그대로 인형을 지칭하는 개념으로 일반화된

꼭두각시놀음의 한 장면
(김영은 촬영).

것으로 보고 있다. 7세기에 들어와서 곽독은 곽공(郭公) 혹은
곽랑(郭郞)으로 지칭되었다.[15] 한국의 꼭두라는 명칭은 중국
의 곽독에서 유래되고 다시 일본의 쿠구쯔[クグツ]가 되었다
는 것이 통설이다. 한국에서 꼭두각시놀음은 꼭두각시라는 인
물이 주인공으로 등장하는 특정한 인형극만을 지칭하지 않는
다. 일반적으로 모든 인형극을 지칭한다.

그러나 꼭두 혹은 꼭두각시가 외래의 영향을 받았다고 해
서 자생적인 인형 및 인형극의 존재를 부인할 수는 없다. 고구

려의 시조인 동명왕(東明王)에 관한 기록이 들어 있는 『주서
周書』에 의하면, 고구려인들은 그들이 숭배하는 개국의 시조
를 신격으로 받들고 그것을 실체화시키기 위해 나무로 인형
[木偶]을 만들어 제사를 지냈다고 한다.16) 또한 중국 원나라
때 출간된 『문헌통고 文獻通考』에는 당나라의 이적(李勣) 장
군이 고구려를 멸망시키고 나서 괴뢰를 자국에 바쳤다는 기록
이 전한다.17) 이적이 고구려를 침공한 것은 645년과 666년 두
차례이다. 문맥으로 보아 시기는 나당연합군이 고구려를 멸망
시킨 666년에 해당된다. 이 기록은 고구려에 인형희가 있었음
은 물론, 그 인형희가 승전 기념물로 황제에게 헌납되었다는
사실을 볼 때 이것이 당나라에 있던 것과 다른 형태였음을 말
해준다. 설사 그렇지 않다 하더라도 고구려의 인형희가 우수
한 수준이었음을 암시한다. 또한 이때 인형만이 헌납된 것이
아니라 인형사, 악사 등이 함께 잡혀가 황제 앞에서 기념공연
을 벌인 것으로 보인다.

꼭두각시놀음은 고대 동양 인형의 원형성을 계승하고 있다.
동양에서는 나무막대기를 이용하여 만든 막대기 인형[杖頭
形], 천을 자루같이 혹은 장갑같이 만든 주머니 인형[布袋形],
신체 부위에 줄을 매어 만든 줄조종 인형[懸絲形], 몸통에 줄
을 꿰어 만든 줄타기 인형[走線形] 등이 고대로부터 전승되었
는데, 현재 전하는 꼭두각시놀음은 그 거칠고 단순하며 소박
한 형태를 그대로 간직하고 있다. 대부분의 인형들은 막대기
인형과 줄조종 인형의 복합방식으로 제작되어 조종된다. 이

복합형은 제작이 간편하고 조종이 쉬우며 비교적 인형의 기능을 잘 표현할 수 있다는 장점이 있다.

꼭두각시놀음은 주로 유랑광대패인 남사당에 의해 행해졌다. 남사당이란 조선시대 남자들만의 광대집단이라는 의미에서 생긴 명칭으로, 여자들이 주도권을 행사하던 사당패에 대응되던 집단이었다. 여사당패는 남사당패보다 먼저 인멸된 것으로 보인다. 『조선해어화사 朝鮮解語花史』에 의하면, 19세기 말까지 여사당패가 남아 있었다. 패에는 남녀가 함께 있었는데, 남자를 '남사당' 또는 '거사'라 하고, 여자를 '여사당'이라고 했다. 그리고 그 우두머리를 '모갑'이라고 했다. 한 모갑의 통솔 아래 남자가 여덟아홉 명에 젊은 여자가 한두 명씩 있었다. 남자가 여자를 등에 업고 다녔고, 여자들은 각종 기예(技藝)와 함께 몸을 파는 것을 주업으로 삼았다. 여사당의 기예가 절정에 달하면, 남자 관객들은 동전을 입에 물고 기다렸다. 그녀는 그 동전을 입술로 받아가면서 동시에 입을 맞추어주었다. 기예는 주로 여사당이 주도했다. 남자들은 노래를 화창(話唱)하거나 악기를 연주해주었다.[18]

꼭두각시놀음의 공연방식

꼭두각시놀음(덜미)의 무대(놀이판)를 연희자들은 '포장(布帳)'이라 부른다. 현재 꼭두각시놀음의 무대를 보면, 우선 가로 3.3m×세로 2m의 대지 위에 네 기둥을 세운다. 전면의 두 기둥은 3m, 후면의 두 기둥은 3.3m 정도로 해서, 천장 포장이 앞으로 약간 경사지도록 한다. 무대면이 되는 전면은 지상으로부터 1.3cm까지, 상단부에서 아래로 30cm까지 포장을 치고, 나머지는 공중 무대의 공간으로 사용된다. 그러므로 무대 공간의 넓이는 가로 3.3m×세로 1.4m가 되는 셈이다. 지금은 과거의 무대보다 인형이 움직이는 공간이 넓어졌다.

포장은 네 가지 색깔의 천을 사용한다. 공중 무대가 되는 부분의 천장과 후면, 양 옆면은 엷은 청색 천(하늘색)을 치고, 전면 상단부 30cm 가림막과 양옆 기둥은 붉은 천으로 감싼다. 이것은 자연적인 채광을 이용하면서 인형의 움직임을 돋보이게 하려는 의도이다. 공중 무대가 되는 하단부는 사방을 모두 짙은 청색 천(바다색)으로 둘러치고, 전면 하단부 1.3m 부분만은 청색 천 위에 검은 천을 위로부터 밑으로 내려 친다. 전면에서 바라보면 검은 바탕 위에서 인형의 움직임이 드러나게 되는데, 이 역시 관중의 시선을 무대로 집중시키고 인형을 돋보이게 하기 위해서이다. 이때 관중석에 앉아 공중 무대를 향해 대사를 주고받는 연희자를 '산받이'라 한다. 또한 악사를 '잽이'라 한다. 산받이와 잽이들은 무대의 전면 밑, 무대면이 잘 보이는 정도의 거리에 자리를 펴고 앉아서 악기를 연주하거나 재담을 주고받는다.

꼭두각시놀음에서 공중 무대는 단순히 물리적인 기능 이상의 연극적인 기능, 특히 인형의 움직임을 확대하고 인형극의 세계성을 확장하며 관중의 집중력을 높이는 구조를 갖춘 점에서 주목된다. 이 공중 무대는 지상에서 공중을 쳐다보는 시각으로 설치되어 있기 때문에 자연 관중에게는 평면 무대로 보인다. 공중의 평면에서 인형이 움직이므로 시각의 공동화 현상이 쉽게 이루어지고, 공간의 역동화 효과가 높아지는 장점이 있다. 아울러 인형들은 평면적으로 크기를 각기 다르게 만들거나, 외형적으로 재료가 다르게 나타나고, 조종법이 각기 다르게 이루어지므로 단순한 사실성이나 신비로운 환상성에서 벗어나 연극적인 충격과 세계성을 넓히게 되는 것이다.[19]

꼭두각시놀음은 일명 박첨지놀음이라고 불렸다. 등장인물의 하나인 박첨지는 연분홍색 바탕의 얼굴에 흰머리와 흰 수염을 하고 소매가 긴 저고리를 입은 허름한 노인인데, 놀이의 진행에 중심적인 역할을 한다. 본래는 첨지중추부사와 같은 벼슬아치에서 유래한 이름이기는 하지만 실제 놀이에서는 평범한 서민상으로 등장한다. 그의 극중역할은 두 가지로 대별된다. 해설자 역과 등장인물 역이 그것이다. 이 두 역할을 효과적으로 전개시킴으로써 화소의 설정, 장면의 구성, 인물 간의 상관성 등을 익살스럽고 원활하게 이끌어간다.

해설자로서 박첨지는 마음대로 화소를 설정하거나 변경시키면서 놀음을 이끌어나간다. 아울러 박첨지는 사태의 추이에 따라서 기민하게 극중인물로 변신한다. 그는 극중의 모든 인물들과 직접적으로 혹은 간접적으로 관계를 맺고 있으며, 중요한 순간에 등장하여 변화의 요인을 제공하거나 결정적인 행위를 한다. 그는 해설자로서 사태의 배경과 원인을 차근차근

이해시킨다. 뿐만 아니라 극중인물로서 사태에 직접 뛰어들어 행동함으로써 관중에게 자신의 입장을 매우 자연스럽게 드러내고 아울러 객관적 입장에서 친화력을 갖게 한다. 말하자면 그는 주관적인 의도를 객관화시키고, 객관적인 행위를 통해 자신의 입장을 설득시킴으로써 서사화와 현장성의 효과를 높이는 것이다.

꼭두각시놀음에서 언어적인 요소는 재담과 노래의 가사이다. 인형들은 말을 할 수 없으므로 조종사들과 산받이가 인형의 재담을 대신한다. 재담 도중에 가끔씩 부르는 노래 역시 그들이 대신한다. 이른바 '목소리 출연'인 것이다. 조종사들은 무대(포장) 안에서 인형을 조종하면서 밖을 내다보지 않고 재담을 하거나 노래해야 하므로 분주하면서도 능숙하고, 익살스러우면서도 치밀하게 움직이는 데 숙달되어야 한다. 매우 어려운 역할임이 분명하다. 그래서 이러한 조종사의 역할을 원활하게 도와주고 연출의 방향을 잡아주는 일을 산받이가 맡아하게 된다. 산받이는 무대 밖에 앉아 있으므로 인형의 움직임과 관중의 반응을 동시에 살필 수 있다. 그러므로 놀음 전체의 방향과 전개상황을 고려하여 순간순간 적절한 반주와 재담을 할 수 있다. 이를테면 목소리 출연만이 아니라 연출까지 겸하게 되는 것이다.

재담 중에는 극의 진행을 기능적으로 돕기 위한 불림류의 재담도 있다. 이는 등장인물이 노래를 부르거나 춤을 추어야 할 때, 그 장단을 지시하는 말을 일컫는다. "장단을 때려라"

"장단을 자주 쳐라" "장단 치게" "장단 한번 울리게" "장단을
한번 휘드러지게 치게" "이 장단은 무언고 하니 대단히 어려
운 장단이네. 타령, 국거리(굿거리) 막 부어대는 걸세" 등이 바
로 재담으로서의 불림이다.

극중에서 인형들이 부르는 노래들은 관중에게 대체로 익숙
한 내용이다. 장면의 내용에 따라서 그때그때 작곡하여 부른
것이 아니라, 분위기에 어울리는 민요들을 그대로 차용하거나
민요곡들을 응용하여 부른 것이 현전된다. 「보괄타령」「장타
령」「회심가」「양산도」 등은 삽입가요류에 속하고, 「팔도강
산 유람가」「그 누가 날 찾나」「세간 나누는 소리」「나 돌아
가네」「매사냥 소리」「상여 매는 소리」「절 짓는 소리」 등은
민요를 응용한 곡들이다.

꼭두각시놀음의 제작원리

꼭두각시놀음은 주로 낮에 공연한다. 그러나 과거에는 야외
무대(포장)에서 밤에 공연했고, 많은 사람들이 무대의 앞과 주
변에서 관람하였다. 무대 전면 양편에 기름을 묻힌 솜방망이
불을 장대에 달아서 조명을 대신했다. 특히 인형이 출현하는
부분만 밝게 비치도록 장치함으로써 관중의 시선을 집중시켰
다. 타오르는 불빛과 재치 있게 움직이는 인형의 모습이 조화
를 이루면 여러 가지 형상과 신비한 분위기를 자아냈다. 그러
므로 인형들이 풍기는 이미지는 다양하고 강렬했다. 현재에도

실내에서 공연하는 경우에는 조명의 효과를 최대로 이용할 수 있다. 대체로 장면 만들기는 다음과 같은 몇 가지 방법으로 이루어졌다.

첫째, 각 장면은 줄거리로 연결되는 구성이 아니라 화소를 중심으로 한 대결양상이므로 개별성이 강하다. 장면과 장면 사이에는 사실적 혹은 내용적인 연결은 없고, 다만 동일한 등장인물이 출현할 때 전체적인 논리적 상관성이 유지될 뿐이다. 앞서 지적한 대로, 특히 박첨지는 해설자와 인물을 겸하고 있으므로, 박첨지가 제시하는 화소와 극적 동기에 따라서 전체 장면이 만들어지는 듯한 느낌을 받는다. 극중장소와 극중시간은 화소에 따라서 자유롭게 설정된다. 언제 어디서 일어난 행위인가는 화소에 의해 정해지고, 무대장치가 없으므로 재담을 통해서 장소와 시간이 관중에게 알려진다. 이런 장면 만들기의 원리는 공연시간을 단축하거나 늘리는 데 자주 이용되었다.

둘째, 인물의 등장과 퇴장, 행위방법이 형식화되었다. 인물들은 "팔도강산 유람차로 나왔다" "춤 한번 추자고 나왔다" 등 자기소개를 하면서 등장하거나 춤을 추면서 등장한다. 혹은 "홍동지를 내보내야겠다"와 같이 남의 부름에 의해서 등장한다. 등장하면 즉시 상대와 더불어 대립되는 행위를 연출한다. "나는 들어가신다" "잠깐 쉬었다가 나오겠네" "또 부를 때가 있을 테니 들어가거라" 등은 퇴장과 관련된 약속어이다. 장단을 치라고 할 때는 불림을 하고, 멈추라고 할 때는 "쉬이"

하는 신호를 한다. "노래를 불러보자" "인사나 하게" "절을 짓는다" 등과 같이 앞으로 전개해야 할 행위를 지시하는 말도 있다. 모든 장면들은 이처럼 형식화되어 있다. 이상과 같은 최소한의 형식적 요소를 지키면서도, 인물 개개인의 행위에 있어서는 생동감 있는 즉흥성이 최대로 발휘된다.

셋째, 행위 도중에 조종자들은 산받이나 악사에게 개입하고, 상대적으로 산받이나 악사나 관중은 연희에 개입한다. 꼭두각시놀음의 장면들은 연희자들의 재능과 즉흥성에 의해 좌우되는 개방성을 지니고 있다. 이런 특성이 연희자의 주관적, 객관적, 제3자적 행위를 자유롭게 만든다. 관중의 놀음에 대한 개입도 자유롭다. 원리적으로 본다면 놀음은 연희자에 의해 일방적으로 만들어지는 것이 아니라 모두가 함께 참여하여 만들어지는 연극이라고 할 수 있다.

한국의 음악극 : 판소리

판소리란 무엇인가

판소리는 '판'과 '소리'의 합성어이다. 판은 여러 사람이 모인 곳이나 장소, 어떤 특별한 상황이나 분위기, 공연되는 작품의 일정한 단위나 장면 등을 지칭한다. 소리는 노래의 다른 말로, 목소리에서 연유한 것으로 보인다. 그러므로 원칙적으로 판소리는 여러 시청자들을 상대로 하여 판에서 부르는 노래라고 통칭할 수 있다. 그러나 가곡, 별곡, 영산(단가) 등과 같이 옛날 놀이판에서 불리던 소리는 판소리라고 하지 않고, 판소리에 대비되는 말로서 '토막소리'라고 한다. 판소리는 이런 '판의 노래'를 범칭하지 않는다. 창자가 고수의 장단에 맞추어

명창 박동진 옹의
판소리 장면(조선일보 촬영).

서사적이고 극적인 긴 이야기를 판을 짜서 부르는 특정한 공
연만을 판소리라고 한다.

판소리의 재료는 일반에 널리 알려진 구비서사문학이고, 음
악적 요소는 성음(음색), 길(음계), 장단(리듬)이다. 실제 공연은
일정한 시간과 상황의 제약을 받으며 극적으로 이루어진다.
판소리는 구비서사문학의 구연(口演)을 위한 평범한 수단으로
서의 가창이 아니다. 또, 작품에 등장하는 인물의 심정만을 노
래하는 서정적인 가요도 아니고, 어떤 사건 및 줄거리를 읊어
내는 서사적인 노래만도 아니다. 이러한 서정성과 서사성을
구조적, 입체적으로 표현하기 위한 극적인 여러 요소를 현장
의 분위기와 광대의 재능에 의해 포괄하고 변화시키면서 총체
적으로 연행, 연출해내는 연극노래, 즉 극음악인 것이다. 옛사
람들이 판소리를 극가(劇歌)라고 한 것은 이러한 특성을 함축
한 것으로 볼 수 있다.

판소리에는 본래 열두 마당(작품)이 있었다고 한다. 송만재
(宋晩載)의 『관우회 觀優戱』(1843)에는 「춘향가」「심청가」

「흥보가」(박타령, 박흥보가) 「수궁가」(토끼타령, 토별가) 「적벽가」(화용도타령) 「가루지기타령」(변강쇠타령, 횡부가) 「배비장타령」 「장끼타령」 「옹고집타령」 「왈자타령」 「매화타령」 「신선타령」 등이 기록되어 있다. 정노식(鄭魯湜)의 『조선창극사』(1940)에는 이상의 작품 가운데서 「왈자타령」 대신에 「무숙이타령」이, 「신선타령」 대신에 「숙영낭자전」이 나타나는 것이 다를 뿐이다.

그러나 과연 판소리는 열두 마당뿐이었을까. 김동욱(金東旭)은 소설로 남아 있는 「두껍전」 「옥단춘전」 「괴똥전」 등도 본래 판소리였을 것이라고 추정하면서 이런 의문을 제기하였다. 판소리가 생성, 발전, 소멸하는 복합적인 과정에서 볼 때 열두 마당 이상의 작품이 존재했을 가능성을 배제할 수 없다.[20]

19세기 말 신재효(申在孝)가 쓴 단가인 「광대가 廣大歌」에는 창자가 갖추어야 할 네 가지 조건으로 인물치레, 사설(辭說)치레, 득음(得音), 너름새를 들었다. 치레란 '어떤 모양을 내는 감'을 의미하는 접미사이다. 인물치레는 인간 됨됨이가 좋아야 한다는 것이다. 사설치레는 사설이 문학적으로 훌륭해야 할 뿐만 아니라, 판소리 표현양식에 적절해야 한다는 의미이다. 득음은 판소리에서 필요로 하는 음색과 여러 가지 발성의 기교를 습득하는 것이다. 즉, 사설을 탁월하게 가창해내는 음악적 역량을 매우 중시한 것이다. 너름새는 창자가 하는 모든 육체적 동작과 몸자세를 의미한다. 무슨 일을 벌이고 주선

하는 솜씨를 일컫는다. 발림이라는 용어도 함께 쓰이는데, 발림은 춤동작 혹은 하나하나의 동작에 한정하여 쓰이는 경우가 많다는 점에서 너름새와 구별된다.21)

판소리는 선생에서 제자에게로, 가창식 전수에서 가창식 습득으로 전승, 발전되었다. 즉, 사제전승(師弟傳承) 및 구비전승(口碑傳承)에 의존해왔다. 한 작품을 익히는 데도 오랜 시간이 소요된 것은 이런 까닭이다. 일단 한 작품을 익혔다 하더라도 공연시간이 보통 몇 시간씩 소요되므로 날마다 반복 연습하지 않으면 사설과 창법을 망각하는 경우가 허다했다. 하물며여러 작품을 모두 습득하고 익숙하게 하자면 수년에 걸친 피나는 노력과 탁월한 재능이 필요했다. 고정된 기보법(記譜法)도 없었고, 따라서 기보에 의한 창작활동은 찾아볼 수 없다.

그러던 중 '더늠'이라는 방식의 작곡활동이 이루어져서 판소리를 살찌우고 풍성하게 하였다. 사설치레를 위해서 창자들은 사설의 보편적인 의미를 이해해야 했는데, 여기에 자기 나름의 해석적인 개작을 시도하였다. 그러므로 창본은 선생으로부터 이어받는 것이기도 하지만 창자 자신에 의해 일면 새롭게 만들어지기도 했다. 창자들은 장면에 따라서 자신이 새롭게 부르고자 하는 노래를 자연스럽게 삽입해 이어 불렀고, 그런 노래들이 청중의 좋은 반응을 얻게 되자 고정된 창곡이 되었다. 이렇게 판소리는 더 늘어나게(더늠) 된 것이다. 더늠은마치 오페라의 아리아와 같다. 숱한 이본들은 이런 과정에서출현했다. '문장나고 명창난다'고 하는 말은, 즉 창자들이 작가의 역할을 겸했음을 시사한다.

고수는 판소리에서 북장단을 치는 사람이다. 고수는 창자와 더불어 소리판을 능동적으로 이끌어가는 또 하나의 주체이다. '일고수 이명창(一鼓手二名唱)'이라는 말이 있을 정도로 고수의 존재는 중요하다. 또한 '소년 명창은 있어도 소년 명고수는 없다'는 말이 전할 정도로 명고수가 되기는 어렵다. 고수는 판소리의 다양한 가락, 변화되는 가락, 즉흥적인 가락에 정통해야 할 뿐만 아니라 판소리를 구축하는 모든 요소에 전문적인 능력을 구비해야 한다. 가락이란 고수가 치는 다양하게 변화된 리듬형을 가리킨다. 19세기 말까지 고수는 명창이 되기 위한 전단계로 취급될 정도로 일반적인 인식이 낮았다. 그러나 20세기에 들어오면서 고법(鼓法)이 크게 발전했고, 고수에 대한 인식이 높아지면서 전문적인 고수들이 많이 등장했다. 고수야말로 소리의 반주자일 뿐만 아니라 판소리의 지휘자 및 연출자라고 할 수 있다.

판소리의 양식원리

선생에서 제자로, 선배에서 후배로, 일정 지역에서 다른 지역으로, 한 시대에서 다음 시대로 창법이 전승되다보니 자연히 음악적 특성을 같이하는 계통이 형성되기에 이르렀다. 이러한 계통이 지속되는 와중에 일부에서는 새로운 계통을 창출하게 되고, 다시 뒤섞여 또 다른 계통을 만들어내기도 했다. 현재까지 이런 현상은 복잡하게 계속되고 있다. 이런 음악적 계통들은 상대적인 의미에서 유형 또는 유파를 달리한다. 과거에는 이를 소릿제, 법제(法制) 혹은 줄여서 제(制)라는 용어로 표현했다. 동편제, 서편제 혹은 중고제 하는 것이 바로 그것이다.

동편제는 섬진강 동쪽 지역, 전라좌도 지역, 지리산 부근 전라도 산악 지역 등지에 전승된 소리를 일컫는다. 운봉 출신의 송흥록, 순창 출신의 김세종, 충청도 비가비(양반 출신 소리꾼을 가리키는 말, 혹은 전문인들이 비전문인을 지칭하는 속어)로서 전북 여산에서 말년을 보낸 정춘풍 등의 소리양식을 계승한 유파이다. 우조(씩씩한 가락)의 표현에 중점을 두고, 감정을 가능한 절제한다. 장단은 대마디 대장단을 사용하여 기교를 부리지 않는다. 발성은 통성을 사용하여 엄하게 하며, 구절 끝마침을 되게 끊어낸다.

서편제는 섬진강 서쪽 지역, 전라우도 지역, 전라도 평야 지역 등지에 전승된 소리를 일컫는다. 순창 출신으로 보성에서 말년을 보낸 박유전 명창의 소리양식을 계승한 유파이다. 계면조(슬픈 가락)의 표현에 중점을 두고, 발성의 기교를 중시하여 다양한 기교를 부린다. 소리가 늘어지는 특징을 지니며, 장단은 엇부침이라 하여 매우 기교적인 리듬을 구사한다. 또한 너름새가 매우 세련되어 있다.

중고제는 충청도와 경기도 지역에 전승된 소리이다. 송흥록과 동시대 명창인 강경 출신 김성옥으로부터 시작되었다. 일제시대까지 활동했던 이동백, 김창룡, 김창진 등이 그의 제자이며, 현재는 그 음악적 특색을 파악하기 어렵다.

　동편제의 김세종은 고창의 신재효 문하에서 주로 활동했다. 그의 「춘향가」는 고창 지역에 전승되다가 20세기 초에 보성 출신의 정재근에게 이어졌다. 정춘풍의 「적벽가」는 나주 출신의 박기홍, 조학진을 거쳐 박동진에게 이어졌다. 또한 동편제의 김정문은 송만갑의 제자이며, 서편제의 명창인 김채만에게 소리를 배운 후에 대성했다. 김연수, 박동진, 김소희는 동편제, 서편제, 중고제 명창들에게 두루 공부한 다음에 소리를 다시 짜서 명창이 되었다. 이렇게 명창의 소리는 지역과 유파를 초월하여 계승되었다. 앞서 지적한 대로 전승 계보의 순수성을 지켜온 명창은 실제로 찾아보기 어렵다.[22]

　판소리는 「춘향가」 「심청가」 「흥보가」 「수궁가」와 같이 전승되는 이야기, 혹은 「적벽가」와 같이 기존 소설의 내용을 기본 재료로 삼고 있다. 이런 이야기 가운데서 특히 흥미로운 부분을 확장시키고 부연하는 방식으로 사설과 음악을 발전시켰다. 이야기 전체의 구성이나 긴박성보다는 대목대목마다의 흥미와 감동에 초점을 두고 만들어진 것으로 보인다. 한 작품 안에서 앞뒤의 내용이 잘 맞지 않거나 심지어는 서로 모순되는 행위가 나타나는 것은 이러한 이유에서 비롯된 현상이다. 그러면서도 판소리는 그 나름대로 독창적인 서사적 구성원리를 지니고 있다.[23]

　판소리의 서사적 구성원리는 정서적 긴장과 이완의 반복으로 요약할 수 있다. 즉, 청중의 정서적 관련을 강화했다가 늦

추고, 작중 현실에 몰입시켰다가는 해방시키는 것이다. 따라서 궁극의 클라이맥스를 향해 모든 것이 집약되는 유기적 발전의 완결구조가 아니라, 긴장과 이완, 몰입과 해방이라는 정서적, 미적 체험의 마디를 반복하는 구조라고 할 수 있다. 그것은 여러 개의 마디가 이어져서 성립된 것이기에 필요한 부분(들)만을 끊어내어 노래로 부를 수 있게 한다. 따라서 부분창(部分唱)이 가능하며, 때로는 그것이 더 효과적일 수 있다. 판소리의 한 마디는 전체적 줄거리에서 분리된 경우일지라도, 그 자체가 완결된 체험이 되어 감동을 줄 수 있기 때문이다. 이런 측면에서 판소리의 구성원리는 매우 독창적인 양식적 원리라고 할 수 있다.[24]

판소리 사설은 운문과 산문이 혼합되어 있을 뿐만 아니라 여러 계층의 청중들을 상대로 하여 적층적(積層的)으로 발달한 까닭에 언어의 층위가 매우 다채롭다. 그 속에는 전아한 한문 취미의 대목이 있는가 하면 극도로 익살스럽고 노골적인 욕설이나 속어가 들어 있다. 또, 무당의 고사나 굿거리 가락이 유식한 양반들이 사용하던 한시구와 나란히 나오기도 한다. 이밖에 민요, 무가, 잡가, 사설시조, 선소리, 12가사(十二歌詞) 등 각종 민간 가요가 판소리 가운데 많이 삽입되어 있다.[25]

판소리의 음악적 요소는 성음, 길, 장단으로 나누어진다. 판소리 성음은 발성법[唱法]에 따른 음색이나 음질을 의미한다. 같은 높이의 음이나 선율일지라도 극적 배경이나 내용에 따라서 발성법이 달라진다. 성음은 우조성음, 평조성음, 계면성음,

경드름성음 등으로 분류된다. 우조성음은 씩씩하고, 호기 있고, 위엄 있고, 우렁찬 느낌을 준다. 평조성음은 평온하고, 한가하고, 여유 있는 느낌을 준다. 계면성음은 애처롭고 슬픈 느낌을 준다. 경드름성음은 쾌활하고 가벼운 느낌을 준다.

장단이란 각기 리듬꼴이 다른 작은 단위가 여러 개 모여서 한 리듬패턴을 형성한 것이다. 판소리는 장단의 틀을 벗어나지 않는다. 가끔 예외적으로 도섭[唱調]이라는 부분이 장단의 제약을 받지 않고 나타날 따름이다. 판소리에서 고수가 중시되는 것은 리듬의 비중이 크다는 것을 암시한다. 판소리 장단은 단순한 박자만을 가리키는 것이 아니다. 리듬의 네 가지 요소인 박자, 속도, 강약, 틀의 세부 개념으로 보아야 한다. 판소리에 쓰이는 장단은 가장 느린 장단인 진양조부터 점차 빨라져 중모리, 중중모리, 자진모리, 휘모리, 엇모리, 엇중모리 등 일곱 가지 종류로 분류된다. 빠른 진양조를 세마치라 하고, 중모리는 느린 중모리, 평중모리, 빠른 중모리(단중모리)로 나뉜다. 단중모리는 중중모리와 거의 같다. 엇중모리는 판소리의 끝부분인 뒤풀이에 주로 쓰이는 장단이다. 장단을 잘못 쳐서 소리를 오히려 방해하는 장단을 속어로 또드락장단이라 한다. 이런 장단은 잡음으로 간주된다.[26]

판소리는 음악인가, 연극인가

판소리는 판을 짜서 독립적으로 부르는 가창예술이다. 그러니까 판소리를 들여다보면, 이야기의 판이 있고, 소리의 판이 있으며, 창자가 순간순간마다 몸짓하는 판이 있다. 이들 판은 각기 별개로 작용하는 것이 아니라 장면장면마다 하나로 조화되는 판을 만들어내고, 장면의 판들은 다시 전체적으로 하나의 통일된 판을 창출해내는 것이다. 매우 사려 깊고, 치밀하고, 격조 높고, 아름답고, 멋있는 연극음악이라는 정평을 받는 것은 바로 이 판짜기의 탁월한 능력에 기인한다.

판소리 사설은 희곡(戲曲)이 아니다. 그러나 그렇다고 해서 작품 전체의 전개에 있어서 이야기의 극적 전환이 되는 정점이 없는 것은 아니다. 희곡이나 연극처럼 궁극의 정점을 향한 집약성, 극적인 행위의 개연성이나 필연성이 모자라는 반면에 극적인 긴장과 흥미, 극적인 감동과 조화를 위한 기승전결(起承轉結)의 구조를 망각하지는 않았다. 따라서 판소리는 음악극(음악연극)이라고 할 수 없지만, 극적인 음악, 연극음악이라는 사실에는 이의가 없다.

몸짓하는 판짜기는 앞서 언급한 너름새나 발림과 상관이 있다. 창자의 몸짓은 본격적인 연기인가, 아니면 가창을 위한 혹은 가창에 수반되는 보조적인 몸짓인가. 이런 질문에 대한 해답을 통해 몸짓의 본질이 규명될 수 있다. 연극의 연기는 그 자체가 등장인물의 삶이고, 배우가 그 역할을 대신한다. 연기는 다른 사람의 이야기를 들려주고 지나간 사건을 재현하는 것이 목적이 아니라, 바로 연기라는 수단을 통해 등장인물(배우)의 현실의 삶을 즉석에서 그려내는 행위 그 자체이다. 연기는 현재진행형이고, 연극의 시청각적 전개 그 자체이다.

그러나 판소리에서는 몸짓으로 장면장면을 그려내는 것이 아니라 전체가 노래로써 그려진다. 몸짓은 독립된 의미망을 형성해내지 못한다. 다만 창자의 소리에 대한 보조적인 기능 밖에 하지 않는다. 이런 연기의 부재는 창자가 연기력이 모자라서 그런 것이 아니라 애초부터 판소리를 음악연극이 아닌, 연극음악으로 만들고자 한 의도에서 비롯된 것이다. 그것은 판소리의 결함이 아니라, 미학의 다름일 뿐이다. 연극의 배우는 연기력에 의해서 존재의의를 갖지만 판소리의 창자는 음악성에 의해서 생명력이 좌우된다.

'연극음악'인 판소리는 20세기 초에 접어들어 '음악연극'인 창극(唱劇)으로 발전했다. 초기 창극은 판소리의 분창화(分唱化), 중요 인물의 대창화(對唱化), 유명한 더늠 위주의 장면화(場面化)에 치중했다. 또, 서구적인 근대 사실주의 연극방법에 판소리를 그대로 접목시킨 기형적인 연극으로 출발했다. 때문에 현재까지도 창극의 독자성은 여전히 취약하며, 보수적인 방법에서 벗어나지 못한 상태이다.

한편 판소리에서는 청중을 '귀명창'이라는 말로 부르는 경우가 있다. 이는 청중의 감식 능력을 중시한 표현이다. 오랜 시간 소리를 듣고, 소리의 즐거움을 알고, 소리의 본질과 가치를 깨닫게 되면 귀명창이라고 할 수 있다. 반드시 귀명창이 아니라도 어느 정도 판소리를 듣고 있으면, 그 극적인 음악성이 듣는 이의 마음을 움직이게 되고, 현장의 흥청거리는 분위기에 따라 듣는 이의 입에서 추임새가 일어나게 된다. 탈놀이와 같이 판소리에서 추임새는 "좋지" "좋다" "얼씨구" "그렇지" "잘한다" "허이" "아먼" "얼수" "어디" "으이" 등 즉흥적으로 적당한 감탄사를 골라서 사용한다. 추임새는 판소리에 대한 감동과 참여의 표시이고, 창자에게 흥을 돋우며 소리의 강약을 보강해주는 한편, 소리의 휴지부를 메워주는 기능도 한다. 판소리의 청중이야말로 음식을 담는 그릇에 비유될 수 있다. 음식과 그릇이 조화될 때 맛과 멋이 동시에 우러나오는 것이기 때문이다.

인도네시아의 가면극 : 토펭과 바롱

가면극 토펭과 사자춤 바롱

　토펭(Topeng)은 인도네시아 자바와 발리 등지에서 전승되고 있는 대표적인 가면무용극(假面舞踊劇)이다. '와양 토펭(Wa-yang Topeng)'이라고도 불리는데, '와양'은 '그림자(유령)'를, '토펭'은 '나무가면'을 의미한다. 여기에서 그림자는 보통 '조상들의 영혼'을 상징하는 개념이다. 또한 토펭의 어원은 'tapel'인데, '억누르다' '얼굴을 억눌러 쌓은 것' '나무의 뿌리'라는 의미를 가지고 있으며, 발리 섬에서는 '가면'의 뜻으로 사용하고 있다. 이러한 명칭을 보더라도 토펭이 나무가면을 쓰고 거행했던 무속적인 매장의식이나 성년의식에서 기원하여 발달한 연희라는 사실을 어느 정도 짐작할 수 있다.

바롱(Barong)은 발리의 '사자춤'이다. 바롱은 어원적으로 산스크리트어의 '곰'이라는 단어 'b(b)arwang'에서 왔으며, 네 다리와 야생동물의 형상을 가진 신화적 존재를 의미한다. 이 동물은 힌두교가 발리에 들어오기 전에 사람들을 지켜주던 토템적 상징이다. 수호자의 기능을 가지고 있으며, 무서운 여자 악마의 형상을 하고 있는 랑다(Rangda)와 싸우는 선한 힘을 소유한 상징적 동물이다.

토펭의 기원과 연행

인도네시아의 가면무용극은 9세기로부터 시작한다. 840년에 동(東)자바에서 출토된 동판의 기록을 보면 그때의 공연 상황을 알 수 있다. 연기자들 중에는 인도나 실론 출신이 많았다. 이 동판의 기록으로 보면 여성 무용수, 어릿광대, 가면을 쓴 연행자, 그림자 연희자들은 보통 궁정과 사원에 거주하였다.

12세기 케디리(Kediri) 왕국의 시기에는 '와양 왕(Wayang Wwang)'이라고 불리는 가면극이 생겨난다. 여기에서 '와양'은 '연극'을, '왕'은 '인간'을 의미한다. 이전과 마찬가지로 궁정연희로 연행되었으며, 인도의 서사시 「라마야나」와 「마하바라타」로부터 내용을 취하였다. 그러다가 14세기 이후부터 와양 왕은 판지(Panji)의 전설을 연극적 내용으로 삽입하여 공연하였고, 이

것이 동남아시아의 여러 지역으로 전파되었다. 판지 이야기는 라덴 판지(Raden Panji)와 듀이 칸드라키라나(Dewi Candrakirana) 사이의 사랑에 대한 이야기로, 그들은 계속되는 장애를 겪는다. 두 연인은 끊임없이 서로를 찾아 헤매며 만남과 이별을 반복한다. 그리고 그 사이에 새로운 모험들이 겹치면서 이야기가 이루어진다.

1755년 마타람 왕국은 지얀티(Giyanti) 조약으로 두 개의 나라로 분할되었고, 왕궁 내에 있던 가면무용극이 이제 성 밖의 마을에서도 연행되었다. 이 가면무용극을 '와양 토펭'이라고 부른다. 이처럼 와양 토펭은 원시적인 가면무용극에서 출발하여, 12세기에 와양 왕이라는 가면극의 단계를 거쳐, 18세기 후반에 본격적으로 성립되었다. 와양 왕이 궁정의 연행물이었다면, 와양 토펭은 민간의 연행물이라 할 수 있다. 서민층 사이에서 발전한 와양 토펭은 보통 와양 인형을 조종하는 사람들에 의해 연행되었으며, 놀이꾼들은 거리나 시장 등 공개적인 장소에서 공연하며 생계를 유지하였다.

20세기 초에 와서는 와양 토펭이 귀족 출신 예술가들의 관심을 불러일으켜서, 1918년 수랴디닝라트 왕자와 테지쿠수마 왕자에 의해 설립된 무용단체인 '크리다 벡사 월마(Krida Beksa Wirma)'에 의해 더욱 완성되고 발전되었다.

그러면 이제 서(西)자바의 치레폰에 전해내려오는 토펭의 예를 들어 그 연행 과정을 살펴보기로 하자. 이 가면무용극은 결혼식이나 생일 등의 축하잔치에서 주로 상연되며, 마을을 수호하는 조상이나 정령들에게 고마움을 표시하는 것이 목적이다. 특히 조상의 영혼을 연기하는 연행의 특성상 연행자는 영적으로 뛰어난 사람이어야 하고, 표현에 있어서도 매우 우수한 숙련자여야 한다. 그는 '달랑 토펭(dalang topeng)'이라 불렸는데, 'dalang'은 흔히 인형극의 조종자, 가멀란(gamelan) 악단의 지휘자, 이야기하는 사람을 가리키는 용어이다. 하지만 여기에서는 가면무용극의 장인(匠人)을 의미한다. 그러므로 달랑 토펭은 마을에서 영적으로나 도덕적으로 지도자의 위치에 있는 사람이어야 한다. 때문에 보통 60세 이상의 사람들이 많다.

공연은 관객들의 주의를 끄는 전주곡으로 시작한다. 연희자는 '코탁'이라고 불리는 삼각형 상자에 앉아 있다. 이 코탁은 인형극에서는 인형을 넣어두는 상자로도 사용되지만, 토펭에서는 가면을 넣어두는 상자이다. 마을 사람들 앞에서 신성한 상자 속의 가면을 꺼내어 얼굴에 쓰면 변신이 시작되는 것이다. 처음으로 등장하는 가면은 백색의 아름다운 '펜디 왕자'이다. 그러나 동작은 없고 정지한 채로 서 있다. 이때 악단은 거친 소리로 연주한다. 이것은 혼돈한 세상을 펜디 왕자가 지배하고 있는 상황을 연출하는 것이다. 다음으로 등장하는 배역역시 흰 가면을 쓰고 있으며, 청년을 상징하는 '삼바'이다. 삼바는 젊은이다운 역동성을 연출한다. 다음으로 등장하는 배역은 분홍색 가면을 쓴 '루미안'이다. 루미안은 성숙한 남성이나 여성이지만 성격 자체는 그다지 사려 깊지 못한 인물이다.

연이어 '투맨군'과 '로와나'가 등장하는데, 폭력적이고 추악한 인물의 모습으로 연출된다. 투맨군은 사람들의 지도자이기에 그에 맞는 씩씩한 동작을 주로 표현한다. 가면은 눈이 크고 무언가를 항상 찾는 듯한 움직임을 취한다. 코가 큰 것이 특징이며, 스스로가 훌륭하고 존엄한 존재라는 듯한 동작을 연기한다. 로와나라는 인물은 난폭한 남성으로 갈색 가면을 쓰고 있다. 처음에는 가면을 쓰지 않고 등장하여 몸동작으로 자신의 위력을 과시한다. 인간의 탐욕스러움과 버릇없고 제멋대로인 모습을 연기하지만 그 모습이 해학적으로 표현되기 때문에 그렇게 보기 흉한 정도는 아니다.

달랑 토펭은 이 다섯 가지 스타일의 인물을 명확히 구분하여 연기해내야 한다. 각각의 인물 연기가 끝날 때쯤이면 '광대'가 등장하여 막간(幕間)의 시간을 채운다. 이 광대는 가멜란 연주자 한 사람에 의해 연기되며, 얼굴의 절반을 가리는 반가면(半假面)을 쓰고 등장한다. 종종 광대가 장난을 치며 익살을 부리기 때문에 관객들은 이러한 광대의 연기를 은근히 기대한다.

바롱의 신화와 연행

발리에서는 사자춤인 바롱이 매우 유명하다. 발리 사람들은 성스러운 힘과 사악한 힘이 서로 균형을 이루고 있어야만 세계가 평화를 유지할 수 있다고 생각한다. 자연계의 균형적인 힘이 조화를 이루지 못하면 사악한 힘에 의해 인간이나 모든 생명체가 병에 걸려 죽음에 이른다고 믿고 있다. 그 균형을 회복하기 위한 방법으로 사악한 영적 존재를 항상 달래고 위로해야 하며, 이러한 목적으로 여러 가지 의식을 연행하였다. 이들 의식의 연장선상에서 바롱이 연행되고 있다.

발리의 신화에 따르면 바롱의 기원은 다음과 같다. 발리의 남서쪽에 있는 작은 섬인 누사 페니다(Nusa Penida) 섬에는 발리 사람들의 평화로운 삶을 끊임없이 방해하는 사악한 존재들이 살고 있었다. 이 섬에는 '어금니를 가진 거인'이라 불리는 무서운 악마가 살고 있었는데, 어느 날 '어금니를 가진 거인'이 작은 악마들을 데리고 발리로 쳐들어왔다. 그는 바롱의 형체를 하고 구타(Kuta)에 머물렀다. 발리 사람들은 이 사악한 존재들의 침입으로 매우 큰 혼란을 겪었다. 이때 한 사제가 이 악마들을 쫓아낼 계책을 마련하였다. 사제는 발리 주민들에게 가짜 바롱과 악마들을 만들어 진짜 바롱과 악마들을 놀라게 하도록 하였다. 그의 계획은 성공하여 놀란 바롱과 작은 악마들은 다시 누사 페니다로 도망쳤다. 그때부터 발리의 여러 지역에서는 사악한 존재를 쫓는 도구로서 '바롱'을 만들어 사용하였다.

실제 바롱의 연행에서는 마녀 랑다와 바롱이 등장하여 서로 대결을 벌인다. 늙은 마녀 랑다는 악을 대표하는 존재로, 묘지에 출몰하는 악령이나 마녀들을 자기 마음대로 움직이고 마을에 역병이 돌게 한다. 이에 대적하는 바롱은 랑다의 영술

(靈術)을 타파하는 성자(聖者) 엠프 바라다가 변신한 영수(靈
獸)이다. 이 랑다와 바롱은 가면에서 그 특징이 자세히 나타
난다.

랑다는 거대한 뻐드렁니에 두 개의 큰 송곳니가 튀어나와
있으며 눈이 크다. 입에는 길고 빨간 혀가 나와 있으며 목에는
인간의 내장을 휘감고 있다. 백발을 무릎까지 늘어뜨렸고, 불
룩한 배와 긴 손톱을 가지고 있는데, 빨간색과 하얀색의 가로
로 된 줄무늬 의상을 입고 있다.

바롱은 우리의 북청사자놀이처럼 사자틀 안에 두 사람이
들어간다. 날카로운 눈을 크게 벌리고 있고, 얼굴은 붉은색이
며, 온몸은 금색 털로 치장돼 있다. 작은 거울이 달려 있어 움
직임에 따라 빛을 반사한다. 이러한 모습은 바로 바롱의 영력
을 보여주는 것이다. 바롱은 멧돼지, 호랑이, 사자, 코끼리 등
의 여러 가지 모습을 가지고 있다. 실제로 바롱은 극중에서 골
계스러운 동작이 많은 것이 특징이다. 엎드려 자거나 큰 입을
열고 꼬리를 입에 물고 도는 동작은 북청사자놀이의 사자춤과
매우 비슷하다.

이 두 가지 가면을 조각하는 장인은 이제 그리 많지 않다.
새롭게 조각한 가면을 사용할 때는 반드시 부정을 씻어내는
의식을 수행하며, 랑다의 사악함을 제거하고 바롱의 영력을
발휘할 수 있도록 엄숙한 헌납의식이 거행된다. 사용하지 않
을 때는 사원의 특별한 건물에 보관한다. 랑다의 가면은 그 사
악한 기운을 막기 위해서 항상 하얀 천으로 덮어두게 되어 있

다. 이 천은 연행이 이루어질 때까지 제거되지 않는다.

발리에서 바롱춤은 보통 칼로나랑(Calonarang)이라는 무용극과 결합되어 있다. 두 춤은 이제 하나가 되어 분리하기 어려울 지경이다. 칼로나랑 무용극에서 클라이맥스는 선(善)을 대표하는 바롱과 악(惡)을 대표하는 랑다 사이의 격렬한 전투이다. 발리 사람들은 랑다가 결코 이 세상에서 사라지는 일은 없으며, 단지 그 힘이 약화될 뿐이라고 생각한다. 이 랑다와 바롱으로 상징되는 선악의 힘은 우주적인 에너지로, 영원히 대립하는 것으로 인식되고 있다.

주

1) 앙리 구이에, 『연극의 본질』(박미리 옮김, 집문당, 1996) pp.19-24 참조.
   アンリ グイエ, 佐佐木健一譯, 『演劇の本質』, TBSブリタニ ガ, 1981´ 참조.
2) 양회석, 『중국 희곡』(민음사, 1994) 참조.
3) 郡司正勝, 『かぶき入門』(社會社想社, 1962) 참조.
4) 서연호, 『황해도탈놀이』(열화당, 1988) 참조.
5) Leonard C. Pronko, *Theatre East and West*(University of California Press, 1967) 참조.
6) 이육, 「청파극담」, 『대동야승』 참조.
7) 이두현, 『한국가면극』(문화재관리국, 1969), pp.35-48 참조.
8) 강용권, 『야유·오광대』(형설출판사, 1977), pp.43-81 참조 : 서연호, 『야유·오광대탈놀이』(열화당, 1989), pp.109-127 참조.
9) 강용권, 앞의 책, pp.109-127 참조 : 서연호, 앞의 책, pp.44-48 참조.
10) 이두현, 앞의 책, pp.248-274 참조 : 서연호, 『산대탈놀이』(열 화당) 1987, 참조.
11) 이두현, 앞의 책, pp.301-323 참조 : 서연호, 『황해도탈놀이』 (열화당, 1988) 참조.
12) 송동준, 「서사극과 한국민속극」(『문학과 지성』, 1974. 9), pp.672-673 참조.
13) 이병옥, 『송파산대놀이』(대우사, 1984) 참조.
14) 이두현, 앞의 책, p.40 참조.
15) 角田一郎, 『人形劇の成立に關する硏究』(旭屋書店, 1963), pp.190-191 참조.
16) 「異域傳」, ‘神廟條’, 『周書』 참조.
17) 韓致奫, 「樂歌」, ‘樂舞條’, 『海東繹史』, 卷22 참조.
18) 이능화, 『조선해어화사』(이재곤 옮김, 동문선, 1992), pp.444-445 참조.
19) 허술, 「인형극의 무대」(『창작과 비평』 통권 38호, 1975. 12), pp.213-238 참조.

20) 김동욱, 「판소리는 열두 마당뿐인가」(『서울대 낙산어문』 2호, 1970) 참조 : 인권환, 「판소리 실전 원인에 대한 고찰」(『고려대 한국학연구』 7집, 1995) 참조.

21) 최동현, 『판소리란 무엇인가』(도서출판 에디터, 1994), pp.56-61 참조.

22) 최동현, 앞의 책, pp.90-97 참조.

23) 김흥규, 『한국 문학의 이해』(민음사, 1986), pp.79-80 참조.

24) 김흥규, 「판소리의 서사적 구조」(『판소리의 이해』, 창작과비평사, 1979), p.125.

25) 김흥규, 『한국 문학의 이해』, p.80.

26) 백대웅, 앞의 책, pp.13-19 참조.

동아시아의 공연예술

초판발행 2004년 5월 30일 | 2쇄발행 2009년 8월 1일
지은이 서연호
펴낸이 심만수 | 펴낸곳 (주)살림출판사
출판등록 1989년 11월 1일 제9-210호

주소 413-756 경기도 파주시 교하읍 문발리 파주출판도시 522-2
전화번호 영업·(031)955-1350   기획편집·(031)955-1357
팩스 (031)955-1355
이메일 book@sallimbooks.com
홈페이지 http://www.sallimbooks.com

ISBN 89-522-0235-X 04080
      89-522-0096-9 04080 (세트)

값 3,300원